二元面板数据
计量经济模型理论研究

于 刚 著

国家自然科学基金面上项目（71471030）
教育部人文社会科学研究规划基金项目（20YJA790084）
辽宁省高等学校创新人才支持计划（WR2018020）
东北财经大学出版基金
资助出版

科 学 出 版 社
北 京

内 容 简 介

二元面板数据计量经济模型（简称二元面板数据模型）是微观计量经济学理论方法研究的一个重要模型，而其中动态二元面板数据模型和带有误差截面相关的二元面板数据模型的统计推断是该领域的研究热点与难点。首先，本书介绍线性面板数据模型和二元面板数据模型等相关理论；其次，本书针对带有固定效应的动态二元面板数据模型的参数估计问题提出迭代偏倚校正的估计方法，并与其他文献中的估计方法进行比较，同时给出估计量的渐近性质；针对带有随机效应的动态二元面板数据模型的参数估计问题提出避免高维积分的估计方法；针对截面相关的二元面板数据模型的参数估计问题提出估计方法，并给出估计量的渐近性质；最后，为了说明本书所提估计量的有效性，设计 Monte Carlo 模拟实验，并与文献所提估计量进行模拟比较。

本书对二元面板数据计量经济模型的参数估计方法介绍较为详细，适用于对动态二元面板数据模型和截面相关的二元面板数据模型的参数估计方法感兴趣的科研工作者、师生、实证经济分析者学习与参考。

图书在版编目（CIP）数据

二元面板数据计量经济模型理论研究 / 于刚著. —北京：科学出版社，2021.4

ISBN 978-7-03-066206-4

Ⅰ. ①二…　Ⅱ. ①于…　Ⅲ. ①计量经济模型–理论研究

Ⅳ. ①F224.0

中国版本图书馆 CIP 数据核字（2020）第 178742 号

责任编辑：陶　璇 / 责任校对：贾娜娜

责任印制：张　伟 / 封面设计：无极书装

科学出版社出版

北京东黄城根北街 16 号

邮政编码：100717

http://www.sciencep.com

北京建宏印刷有限公司 印刷

科学出版社发行　各地新华书店经销

*

2021 年 4 月第　一　版　开本：720×1000　B5

2021 年 4 月第一次印刷　印张：6 1/2

字数：131 000

定价：82.00 元

（如有印装质量问题，我社负责调换）

目　录

第1章 绪　论

1.1 概　述

在经典的计量经济模型中，样本观测值是横截面（简称截面）数据或者时间序列数据。随着计量经济学理论的发展和应用领域的拓展，经常需要同时采用截面数据和时间序列数据作为样本，这样的二维数据就是面板数据（panel data）。面板数据是指同时在时间和截面上取得的二维数据，也就是截面上个体在不同时间点上的重复观测数据。现在经济学家越来越关注面板数据。面板数据的应用领域随着社会的发展不断扩大，给学者进行面板数据科学研究提供了极大的帮助。从截面上看，面板数据包括某一时间不同截面个体（个人、家庭、企业或国家）的数据；从纵剖面上看，面板数据包括每个截面个体的时间序列数据。如果每个截面都有相同数目的时间序列数据，这样的面板数据称为平衡面板数据。如果每个截面的时间序列数据数目不同，这样的面板数据称为非平衡面板数据。本书主要考虑平衡面板数据。

面板数据可分为微观面板数据和宏观面板数据。微观面板数据一般指个体调查数据，数据特点是个体 N 大而时间 T 短；宏观面板数据一般指一段时期内不同国家的数据，数据特点是个体 N 适当而时间 T 长。微观面板数据一般研究的是个体 N 固定而时间 T 大的统计性质；宏观面板数据研究的是个体 N 和时间 T 都很大的统计性质，特别地，宏观面板数据的时间较长时还要考虑数据的非平稳问题。因此，微观面板数据和宏观面板数据的分析方法是不同的。收集面板数据明显比收集截面数据或者时间序列数据困难得多，但是在发展中国家和发达国家，面板数据的利用率正不断提高。例如，微观面板数据的数据集包括密歇根大学社会科学研究所从 1968 年开始建立的收入动态行为面板数据（panel study of income dynamics，PSID），北京大学中国社会科学调查中心从 2008 年开始建立的中国家庭动态跟踪调查面板数据（Chinese family panel studies，CFPS）等；宏观面板数据的数据集包括国际货币基金组织提供的世界经济展望数据库、国际金融统计数据库等。

其实，面板数据更适合研究动态过程。很多经济关系本质上都具有动态性，面板数据的优势之一就是它可以使研究者更好地研究动态调整过程。例如，Arellano 和 Bond（1991）研究了动态就业模型，Balestra 和 Nerlove（1966）研究了天然气动态需求，Baltagi 和 Levin（1986）研究了香烟等成瘾商品的动态需求，Holtz-Eakin（1988）研究了动态工资方程。上面提及的是动态线性面板数据模型的应用。另外，非线性面板数据模型——动态二元面板数据模型也有很多应用。例如，如果购买过汽车的个体比没有购买过汽车的个体买车的概率大，那么考虑个体过去经历的动态模型更加重要。Chintagunta 等（2001）使用 Honore 和 Kyriazidou（2000）针对动态二元面板数据模型提出的条件方法研究了品牌选择问题，Carro（2007）使用修正最大似然估计量（modified maximum likelihood estimator，MMLE）方法研究了动态二元面板数据模型的参数估计问题，同时针对妇女就业问题做了相应的实证分析。

近年来，一些学者非常关注动态面板数据模型、离散面板数据模型、非平稳面板数据模型、空间面板数据模型的参数估计和假设检验等方面的热点问题，并且取得了一些非常重要的研究成果。本书主要研究动态面板数据模型和带有固定效应的动态二元面板数据模型的参数估计问题，提出新的偏倚校正估计量去估计这两类模型感兴趣的参数，这个偏倚校正估计量主要使用迭代 bootstrap 方法来调整有偏的最大似然估计量（maximum likelihood estimator，MLE），偏倚校正估计量是渐近无偏的和相合的，并且给出相应的算法；本书针对带有随机效应的动态二元面板数据模型提出新的估计方法，这种方法计算简单，同时将其应用到截面相关的二元面板数据模型参数估计问题，给截面相关的二元面板数据模型分析提供新的研究思路。

1.2 动态面板数据模型参数估计研究现状

20 世纪 80 年代以来，为了揭示经济学理论的动态关系，一些学者研究了动态面板数据模型的参数估计问题。Anderson 和 Hsiao（1981）使用工具变量（instrumental-varible，IV）法研究了动态面板数据模型的参数估计问题。Holtz-Eakin 等（1988）基于 Anderson-Hsiao 方法研究了时变参数的向量自回归模型的参数估计问题。Arellano 和 Bond（1991）使用 Monte Carlo 模拟研究了广义矩（generalized methods of moments，GMM）估计量，他们的方法与 Holtz-Eakin

等（1988）的方法很相似。上面关于动态面板数据模型的文献主要使用 GMM 方法。Hansen（1982）研究了 GMM 估计量的大样本性质，首先进行一阶差分或者相关变换消除不可观测的个体效应，然后将局内变量或者前定变量的滞后值作为 IV 去估计参数。

然而，在动态面板数据模型中，如果序列高度自回归或者时间序列短，我们在模拟中会发现 GMM 估计量是有偏的，关于 GMM 估计量有偏的论述可以参见 Nickell（1981）、Alonso-Borrego 和 Arellano（1999）的相关研究。基于这个事实，一些学者考虑使用进一步的矩条件来提高感兴趣参数的估计性质，相关研究参见 Ahn 和 Schmidt（1995）、Arellano 和 Bover（1995）、Blundell 和 Bond（1998）的讨论。

对于时间固定的动态面板数据模型的参数估计，最小二乘虚拟变量（least-squares dummy variable，LSDV）估计量是不相合的。因此，一些学者在 LSDV 估计量的基础上提出了一些估计方法，如 Kiviet（1995）、Hansen（2001）、Hahn 和 Kuersteiner（2002）的讨论。Kiviet（1995）提出了校正的 LSDV 估计量去估计参数，并且与前面的 GMM 估计量进行了模拟比较，发现当时间维数小时选择校正的 LSDV 估计量是合适的，而当时间维数大时计算简单的 Anderson-Hsiao 估计量效果很好。

Hahn 和 Kuersteiner（2002）提出的方法消除了最小二乘的渐近偏倚，并且指出偏倚校正 MLE 是渐近有效的，这是由于渐近方差等于克拉默-拉奥（Cramer-Rao）下界的极限。对于截面维数大而时间长度有限，并且扰动项分布是同方差的动态面板数据模型，Bun 和 Carree（2005）提出了一个新的并且简单的估计量去估计未知参数。Bun 和 Carree（2006）把 Bun 和 Carree（2005）中的结果推广到了扰动分布是异方差的情况。Hsiao 等（2002）针对没有局外变量的固定效应动态面板数据模型，利用变换似然方法（transformed likelihood approach）研究了参数估计问题。Yu 等（2011）研究了带有固定效应的动态面板数据模型的估计问题。本书使用迭代 bootstrap 方法，调整 MLE 并得到新的偏倚校正估计量，该偏倚校正估计量是渐近无偏的和相合的，并且该方法简单易行。

1.3 动态二元面板数据模型参数估计研究现状

在实证经济领域有很多二元数据，如投资选择、工作决定、品牌选择、失业、购买决定、妇女就业等。随着面板数据的可利用性增大，与二元面板数据相匹配的面板数据模型需求也在增大。二元选择模型应用到面板数据已经有很长时间，具体可参见 Arellano 和 Honore（2001）、Baltagi（2000）、Greene（2008）、Honore 和 Lewbel（2002）、Hsiao（1992）、Hsiao（1996）、Hsiao（2003）、Lee（2002）的研究。

二元面板数据模型是非线性面板数据模型之一，现在二元面板数据模型作为一种标准的计量经济学工具广泛地应用在实证研究中。最近动态二元面板数据模型参数估计问题成为一个研究热点，学者针对这个模型提出了各自的估计方法。Heckman（1981a，1981b）介绍了几个动态离散模型，并且研究了习惯持久性的（habit persistence）动态模型，即使滞后潜在变量作为解释变量而不是使二元变量作为解释变量。二元选择模型的结构参数估计问题可参见 Lechner（1993）的研究。此外，也有一些文献报告了通过模拟估计得到的随机效应的动态模型的 Monte Carlo 实验，参见 Keane（1994）和 Lee（1997）的研究。

最早使用条件方法处理动态评定模型（又称 Logit 模型）的是 Cox（1958）和 Chamberlain（1985）。在 Chamberlain（1985）理论研究的基础上，Honore 和 Kyriazidou（2000）对于固定效应的动态模型，提出了一个时间 T 固定的相合估计量去估计感兴趣参数，当然在估计感兴趣参数之前已经消除了固定效应。但是他们要求扰动分布是 Logistic 分布，还要选择合适的核函数和带宽，并且收敛率是低于 $\sqrt{N}$ 的。Hahn（2001）指出在这种情况下 $\sqrt{N}$ 相合估计量是不可行的，除非仅有离散的协变量，具体讨论还可参见 Magnac（2004）、Honore 和 Tamer（2006）的研究。

Hahn 和 Kuersteiner（2002）研究了动态面板数据模型的参数估计问题。在他们的研究基础上，Hahn 和 Newey（2004）研究了非线性面板数据模型的参数估计问题，并且他们的方法可以处理动态二元面板数据模型的参数估计问题。固定效应的面板数据模型存在伴随参数（incidental parameters），讨厌参数的数量随着个体的增加而增加，从而对感兴趣参数估计时会出现很大的偏倚。

Hahn 和 Newey（2004）使用了两种方法去降低估计的偏倚：一种是面板刀切（panel jackknife）法，面板刀切法公式可参见 Quenouille（1956）、Tukey（1958）的论述；另一种是分析偏倚校正（analytical bias correction）法，该方法与 Hahn 和 Kuersteiner（2002）、Li 等（2003）的研究方法类似。

Hahn 和 Kuersteiner（2011）吸收了 Hahn 和 Kuersteiner（2002）、Hahn 和 Newey（2004）的思想，提出了消除一般动态非线性面板数据模型估计渐近偏倚的方法，该方法也是 Honore 和 Kyriazidou（2000）方法的补充。

Carro（2007）提出了 MMLE 方法，并研究了固定效应的动态二元面板数据模型的参数估计问题。Carro 首先把有偏的估计方程调整成无偏的估计方程，之后得到 MMLE，与 Arellano（2003）类似，MMLE 降低了偏倚的阶数且没有增加渐近方差。Carro 还证明了这个 MMLE 是相合的和渐近正态分布。该方法可以应用到更一般的非线性模型，同时对扰动分布没有严格的要求。

Bester 和 Hansen（2009）考虑了固定效应非线性面板数据模型的估计问题，使用惩罚函数方法来降低估计的偏倚，该方法对于动态面板数据模型也是适用的。Dhaene 和 Jochmans（2015）在 Quenouille（1949）思想的基础上，针对固定效应的动态非线性面板数据模型，提出了分体面板刀切（split-panel jackknife，SPJ）法以降低 MLE 偏倚的阶数。

Bartolucci 和 Nigro（2010）研究了一个二元面板数据模型。该模型是二次指数型并且与动态 Logit 模型相似，模型允许状态相依（state dependence）和个体间不可观测的非均匀性（unobserved heterogeneity）。基于条件似然得到的估计量是 $\sqrt{N}$ 相合的，它相对 Honore 和 Kyriazidou（2000）计算更容易，通过模拟比较发现估计量在偏倚和有效性方面非常好。

从 Carro（2007）的研究可知，参数的 MLE 虽然是渐近正态分布的，但是它是有偏的估计量。在他的研究基础上，Yu 等（2012a）提出了一个迭代 bootstrap 调整 MLE，使得调整后的估计量是渐近无偏的和相合的。为了说明本书所提偏倚校正方法的有效性，将偏倚校正估计量的模拟结果与 Honore 和 Kyriazidou（2000）、Carro（2007）的模拟结果进行比较。从模拟结果看，本书所提偏倚校正估计量估计效果非常好，能够达到 Carro（2007）的调偏效果。

1.4　本书研究内容和结构安排

本书的研究内容和结构安排如下。

第 1 章为绪论。该章简单介绍面板数据的定义，同时说明由于面板数据的可利用性越来越大，分析面板数据模型研究变得越来越重要。面板数据更适合研究动态过程，1.2 节介绍动态面板数据模型参数估计研究的现状，1.3 节介绍动态二元面板数据模型参数估计研究的现状。

第 2 章为面板数据及其模型介绍。2.1 节介绍面板数据的优点，2.2 节主要介绍最简单的静态线性面板数据模型，同时介绍经典的估计方法去研究参数估计问题，如 LSDV 估计量、广义最小二乘（generalized least squares，GLS）估计量、MLE。

第 3 章为动态面板数据模型及其参数估计。该章研究的动态面板数据模型在第 2 章研究的模型的基础上增加动态项，为了研究问题方便，仅考虑只有滞后被解释变量作为解释变量的情况。因为 LSDV 估计量和 GLS 估计量是不相合的，所以该动态项使得在参数估计时不能使用 LSDV 估计量和 GLS 估计量。因此，针对动态面板数据模型，我们介绍 IV 法和 GMM 法，这两种方法在实证研究方面应用很广泛。除了这两种方法，还有变换似然方法和调整 MLE 方法。对于固定效应的动态面板数据模型，本书提出新的调整 MLE 的方法——迭代 bootstrap 偏倚校正估计量，该方法还可以应用到非线性面板数据模型中。

第 4 章为二元面板数据模型及其统计推断。该章研究非线性面板数据模型。4.2 节介绍固定效应和随机效应的静态二元面板数据模型，其参数估计方法与线性面板数据模型估计方法不同。4.3 节介绍动态二元面板数据模型，同时主要介绍条件方法、半参数方法、MMLE 方法和偏倚校正方法。估计方法中只有条件方法要求 Logit 假设，其他方法都具有一般性。MMLE 方法通过调整有偏的估计方程使之无偏，在调整后的无偏估计方程中求得 MMLE，而本书所提的偏倚校正方法首先解有偏的估计方程并得到有偏的 MLE，然后使用迭代 bootstrap 方法调整 MLE 使之无偏。

第 5 章为截面相关的面板数据模型及其参数估计。该章首先介绍弱和强截面相关的定义；其次介绍截面相关的线性面板数据模型及其参数估计问题，有关线性截面相关的研究方法不能直接应用到截面相关的二元面板数据模型参数估计中；再次提出新的方法来研究截面相关的二元面板数据模型的参数估计问题；最后对截面相关性检验进行简单介绍。

第 2 章　面板数据及其模型介绍

本章主要介绍面板数据和面板数据模型的基本知识，包括面板数据的定义、面板数据模型（如固定效应模型（fixed effect model）、随机效应模型（random effect model））及其参数估计问题。

2.1　面板数据

面板数据是指由不同的个体进行多个时间观测得到的二维数据，记为 $y_{it}(i=1,\cdots,N;t=1,\cdots,T)$，其中，$i$ 代表个体，t 代表时间。例如，我国 31 个省（自治区、直辖市，不包括港澳台地区）10 年的生产总值数据就是一组面板数据 $y_{it}(i=1,\cdots,31;t=1,\cdots,10)$，该面板数据有 31 个个体，共有 310 个观测值。其实，早在 20 世纪 50 年代就有一些学者研究了面板数据，详见 Balestra 和 Nerlove（1966）、Hoch（1962）、Kuh（1959）、Mundlak（1961）的相关研究。收集面板数据明显比收集截面数据或者时间序列数据困难得多，但是在发展中国家和发达国家，面板数据的利用率越来越高，部分国家的面板数据集可以参见 Hsiao（2003）和 Hsiao（2007）的研究。

相对于截面数据或者时间序列数据，在经济学研究中使用面板数据主要有三个优点，参见 Hsiao（1985；1995；2007）的研究。第一，面板数据给研究人员提供大量的数据，相对于截面数据或者时间序列数据，面板数据增加了自由度，并且降低了解释变量间的多重共线性，这样能够提高模型参数估计的精确度（Hsiao et al.，1995）。第二，与截面数据或者时间序列数据相比，面板数据能更好地分析比较复杂的经济行为，主要包括构造和检验更复杂的行为假设、控制省略变量的影响等方面，详见 Ben-Porath（1973）、Lewbel（1994）、MaCurdy（1981）、Nerlove（2002）、Pakes 和 Griliches（1984）的研究。第三，面板数据使得计算和统计推断简单。面板数据有两个维数：一个是截面维数；另一个是时间维数。大多数人认为，面板数据估计量或推断的计算会比截面数据或者时间序列数据复杂，但是在某些情况下，面板数据确实能够使得计算和统计推断变得简单。例如，对于非平稳时间序列分析，当时间序列数据不平稳时，最小二乘估计或者 MLE 的渐近分布不是正态分布，详见 Dickey 和 Fuller（1979；1981）、Phillips 和 Durlauf（1986）的相关研究。但是，若能够利用面板数据，并且截面观测独立，能够得到许多估计量是渐近正态的，详见 Binder 等（2005）、Im 等（2003）、Levin 等（2002）、Phillips 和 Moon（1999）的相关研究。Wang 等（2010）证明了截面相关的面板数据在单位根假设下提出的检验统计量是渐近正态的。

2.2 面板数据模型

运用面板数据进行计量经济分析是近年来研究较多的领域。研究和分析面板数据的模型称为面板数据模型。面板数据模型的理论研究是现代计量经济学的一个重要分支，称为面板数据计量经济学。从形式上看，面板数据模型不同于截面数据模型，也不同于时间序列模型，因为面板数据模型中的变量有双下标，例如，

$$y_{it}=x_{it}\beta+v_{it},\ i=1,\cdots,N;\ \ t=1,\cdots,T \qquad (2.2.1)$$

其中，i是截面个体，如个人、家庭、企业或国家等；t是时间；N 是截面的宽度；T 是时间的长度；β 是参数；x_{it} 和 y_{it} 分别是解释变量和被解释变量；v_{it} 是随机误差项。

面板数据模型的基本分类与模型（2.2.1）中的随机误差项 v_{it} 的分解和假设有关。大多数面板数据对随机误差项 v_{it} 都运用单因素误差，即

$$v_{it}=\eta_i+\varepsilon_{it} \qquad (2.2.2)$$

其中，η_i 是不可观测到的个体的特别效应；ε_{it} 是均值为 0、方差为 σ_ε^2 的独立同分布的随机误差项。η_i 的不同假设将导致两个最常用的面板数据模型。若认为个体之间的差异是系统性的、确定的，即假设 η_i 是常数，这个模型称为固定效应模型；若认为个体之间的差异是随机的、不确定的，即假设 η_i 是随机变量，这个模型称为随机效应模型。

2.2.1 合并最小二乘估计量

假定 $\eta_i=\eta$ 对于所有的 i 均成立。在这种情况下，模型（2.2.1）变成如下形式：

$$y_{it}=\eta+x_{it}\beta+\varepsilon_{it},\ i=1,\cdots,N;\ \ t=1,\cdots,T \qquad (2.2.3)$$

参数η和β可以使用最小二乘方法来估计。β的合并最小二乘估计量为

$$\hat{\beta}_{\mathrm{OLS}}=\left[\sum_{i=1}^{N}\sum_{t=1}^{T}(x_{it}-\bar{x})^2\right]^{-1}\left[\sum_{i=1}^{N}\sum_{t=1}^{T}(x_{it}-\bar{x})(y_{it}-\bar{y})\right] \tag{2.2.4}$$

其中，

$$\bar{x}=\frac{1}{NT}\sum_{i=1}^{N}\sum_{t=1}^{T}x_{it},\ \bar{y}=\frac{1}{NT}\sum_{i=1}^{N}\sum_{t=1}^{T}y_{it}$$

并假定$\sum_{i=1}^{N}\sum_{t=1}^{T}(x_{it}-\bar{x})^2$非 0。当$N$大、$T$固定时，$x_{it}$是严格局外变量，$\eta_i=\eta$。

可以证明$\hat{\beta}_{\mathrm{OLS}}$是无偏的和相合的。为了证明它，我们给出如下假设。

【假设 2.2.1】　$E(\varepsilon_{it}\mid x_{it'})=0$对于所有的$i,t,t'$均成立。

【假设 2.2.2】　x_{it}和它的二阶矩是有界的。

【假设 2.2.3】　$E(\varepsilon_{it}\varepsilon_{jt'}|X)=0,\ i\neq j$对于所有的$t$和$t'$均成立

$$E(\varepsilon_{it}\varepsilon_{jt'}|X)=\gamma_i(t,t'),\text{如果}\ i=j\ \text{和}\ t\neq t'$$

$$E(\varepsilon_{it}\varepsilon_{jt'}|X)=\sigma_i^2<K<\infty,\text{如果}\ i=j\ \text{和}\ t\neq t'$$

其中，$\gamma_i(t,t')$是ε_{it}的自协方差，假定它是有界的，即$|\gamma_i(t,t')|<K<\infty$对于所有的$i,t,t'$均成立。

为了证明$\hat{\beta}_{\mathrm{OLS}}$的无偏性，首先使用下式来消除$\eta$：

$$y_{it}-\bar{y}=(x_{it}-\bar{x})\beta+(\varepsilon_{it}-\bar{\varepsilon})$$

其中，$\bar{\varepsilon}=(NT)^{-1}\sum_{i=1}^{N}\sum_{t=1}^{T}\varepsilon_{it}$。同时，由式（2.2.4）得

$$\hat{\beta}_{\mathrm{OLS}}-\beta=\left[\frac{1}{NT}\sum_{i=1}^{N}\sum_{t=1}^{T}(x_{it}-\bar{x})^2\right]^{-1}\left[\frac{1}{NT}\sum_{i=1}^{N}\sum_{t=1}^{T}(x_{it}-\bar{x})\varepsilon_{it}\right] \tag{2.2.5}$$

其中，

$$\sum_{i=1}^{N}\sum_{t=1}^{T}(x_{it}-\bar{x})\bar{\varepsilon}=\bar{\varepsilon}\sum_{i=1}^{N}\sum_{t=1}^{T}(x_{it}-\bar{x})=0$$

在假设 2.2.1 下，$E(\varepsilon_{it}\mid X)=0$对于所有的$i$和$t$均成立，其中$X$={ x_{it}，$i=1,\cdots,N$；$t=1,\cdots,T$ }，对式（2.2.5）取期望得

$$E(\hat{\beta}_{\mathrm{OLS}}\mid X)-\beta=\left[\frac{1}{NT}\sum_{i=1}^{N}\sum_{t=1}^{T}(x_{it}-\bar{x})^2\right]^{-1}\left[\frac{1}{NT}\sum_{i=1}^{N}\sum_{t=1}^{T}(x_{it}-\bar{x})E(\varepsilon_{it}\mid X)\right]=0$$

使用双期望定理，有

$$E(E(\hat{\beta}_{\mathrm{OLS}}\mid X)-\beta)=0\text{，即}\ E(\hat{\beta}_{\mathrm{OLS}})=\beta$$

这说明$\hat{\beta}_{\mathrm{OLS}}$是$\beta$的无偏估计。

为了证明$\hat{\beta}_{\mathrm{OLS}}$的一致性，我们先求$\hat{\beta}_{\mathrm{OLS}}$的方差。容易得到

$$\begin{aligned}&\operatorname{Var}(\hat{\beta}_{\mathrm{OLS}}\mid X)\\&=\left[\frac{1}{NT}\sum_{i=1}^{N}\sum_{t=1}^{T}(x_{it}-\overline{x})^2\right]^{-2}\left[\frac{1}{(NT)^2}\sum_{i=1}^{N}\sum_{j=1}^{N}\sum_{t=1}^{T}\sum_{t'=1}^{T}(x_{it}-\overline{x})(x_{jt}-\overline{x})E(\varepsilon_{it}\varepsilon_{it'}\mid X)\right]\end{aligned} \quad (2.2.6)$$

在假设 2.2.3 下，有

$$\operatorname{Var}(\hat{\beta}_{\mathrm{OLS}}\mid X)=\frac{1}{NT}\left[\frac{1}{NT}\sum_{i=1}^{N}\sum_{t=1}^{T}(x_{it}-\overline{x})^2\right]^{-2}V_{NT} \quad (2.2.7)$$

其中，

$$V_{NT}=\frac{1}{N}\left[\frac{1}{T}\sum_{i=1}^{N}\sum_{t=1}^{T}\sigma_i^2(x_{it}-\overline{x})^2+\frac{1}{T}\sum_{i=1}^{N}\sum_{t\neq t'}^{T}\gamma_i(t,t')(x_{it}-\overline{x})^2\right] \quad (2.2.8)$$

在假设 2.2.2 下，有

$\frac{1}{T}\sum_{i=1}^{N}E(x_{it}-\overline{x})^2=O_p(1)$，对于所有的 i 均成立；

$\frac{1}{T}\sum_{t\neq t'}^{N}\gamma_i(t,t')E(x_{it}-\overline{x})^2=O_p(T)$，对于所有的 i 均成立。

因此，$\lim\limits_{N\to\infty}\operatorname{Var}(\hat{\beta}_{\mathrm{OLS}}\mid X)=0$，对于固定的 T 均成立。

由于 $\hat{\beta}_{\mathrm{OLS}}$ 是 β 的无偏估计，有

$\lim\limits_{N\to\infty}[E(\hat{\beta}_{\mathrm{OLS}}-\beta)]^2=0$，对于固定的 T 均成立，

从而 $\lim\limits_{N\to\infty}E(\hat{\beta}_{\mathrm{OLS}}-\beta)^2=0$。由 Amemiya（1985）中相关定理可知

$$\hat{\beta}_{\mathrm{OLS}}\xrightarrow{p}\beta$$

上面的结果主要基于 $\eta_i=\eta$ 这一假定。如果 η_i 随着个体 i 的变化而不同，则合并的最小二乘估计是有偏的，偏倚主要依赖 η_i 的异质程度和 η_i 与 x_{it} 的相关程度。为了说明这个问题，我们简单假设

$$\eta_i=\eta+\xi_i$$

其中，ξ_i 服从 $N(0,\sigma_\xi^2)$，并且

$$x_{it}=g_t\xi_i+w_{it} \quad (2.2.9)$$

其中，w_{it} 是与 ξ_i 不相关的严格局外变量。ξ_i 与 x_{it} 的协方差为 $g_t\sigma_\xi^2$。为了得到 $\hat{\beta}_{\mathrm{OLS}}$ 的渐近偏倚，我们首先求得

$$y_{it}-\overline{y}=\xi_i-\overline{\xi}+(x_{it}-\overline{x})\beta+(\varepsilon_{it}-\overline{\varepsilon})$$

$$\hat{\beta}_{\mathrm{OLS}}-\beta=\left[\frac{1}{NT}\sum_{i=1}^{N}\sum_{t=1}^{T}(x_{it}-\overline{x})^2\right]^{-1}\left[\frac{1}{NT}\sum_{i=1}^{N}\sum_{t=1}^{T}(x_{it}-\overline{x})(\varepsilon_{it}-\overline{\varepsilon}+\xi_i-\overline{\xi})\right]$$

当 T 固定、$N\to\infty$ 时，

$$p\lim_{N\to\infty}\hat{\beta}_{\mathrm{OLS}}-\beta=p\lim_{N\to\infty}\left[\frac{1}{NT}\sum_{i=1}^{N}\sum_{t=1}^{T}(x_{it}-\overline{x})^2\right]^{-1}$$
$$\times\left[\lim_{N\to\infty}\frac{1}{NT}\sum_{i=1}^{N}\sum_{t=1}^{T}E\left[(x_{it}-\overline{x})(\xi_i-\overline{\xi})\right]\right]$$

另外，

$$E[(x_{it}-\overline{x})(\xi_i-\overline{\xi})]=E\left[[g_t(\xi_i-\overline{\xi})+(g_t-\overline{g})\overline{\xi}+w_{it}-\overline{w}](\xi_i-\overline{\xi})\right]$$
$$=g_t\left(\frac{N-1}{N}\right)\sigma_{\xi}^2$$

因此，

$$p\lim_{N\to\infty}\hat{\beta}_{\mathrm{OLS}}=\beta+p\lim_{N\to\infty}\left[\frac{1}{NT}\sum_{i=1}^{N}\sum_{t=1}^{T}(x_{it}-\overline{x})^2\right]^{-1}\times\sigma_{\xi}^2\frac{1}{T}\sum_{t=1}^{T}g_t$$

这个偏倚是由于没有考虑ξ_i与x_{it}的相关性。处理这个偏倚的一种方式是使用固定效应估计量。

2.2.2　固定效应模型

我们考虑下面简单的回归模型：

$$y_{it}=x_{it}\beta+\eta_i+\varepsilon_{it},\ i=1,\cdots,N;\ \ t=1,\cdots,T \tag{2.2.10}$$

其中，面板数据y_{it}和x_{it}分别是被解释变量和解释变量；β是感兴趣参数；η_i是讨厌参数，也是固定效应，代表第i个个体所具有的特别的效应，它不随着时间变化；ε_{it}是均值为 0、方差为σ_{ε}^2的独立同分布随机变量，并且它和$(x_{i1},\cdots,x_{iT})$是不相关的。因为η_i是参数而不是随机变量，所以模型（2.2.10）是固定效应模型。为了解释模型（2.2.10），我们看 Chamberlain（1984）中的一个例子，一些农场被观察了几年，令y_{it}表示第i个农场在第t个季节产量的测度，x_{it}表示随着时间变化可测的投入，η_i表示不可测的固定的投入，如土壤质量和农场位置等，ε_{it}表示不可测的投入，它是随着时间变化的，如降水。

模型（2.2.10）参数估计问题主要是估计感兴趣参数β，而η_i是讨厌参数，并且它的个数随着个体的增加而增加。因此，为了估计参数β，首先要消除η_i对β估计所带来的影响。由于面板数据的特点，每个个体都有时间观测值，我们用差分方法来消除η_i，即

$$y_{it}-y_{it-1}=(x_{it}-x_{it-1})\beta+(\varepsilon_{it}-\varepsilon_{it-1}) \tag{2.2.11}$$

另外，ε_{it}是均值为 0、方差为σ_{ε}^2的独立同分布随机变量，并且它是和$(x_{i1},\cdots,x_{iT})$不相关的，即$E(\varepsilon_{it}|x_{i1},\cdots,x_{iT})$=0，故对式（2.2.11）取条件期望，有

$$E(y_{it}-y_{it-1}|x_{it}-x_{it-1})=(x_{it}-x_{it-1})\beta \tag{2.2.12}$$

因此，参数β是可识别的，我们可以用最小二乘估计方法估计参数β和η_i，并且β和η_i的最小二乘估计量是最好线性无偏估计量（best linear unbiased estimator，BLUE），参见 Hsiao（2003）的研究。β和η_i的最小二乘估计量通过使式（2.2.13）达到最小得到：

$$S=\sum_{i=1}^{N}\varepsilon_i'\varepsilon_i=\sum_{i=1}^{N}(y_i-e\eta_i-\beta x_i)'(y_i-e\eta_i-\beta x_i) \tag{2.2.13}$$

其中，$y_i'=(y_{i1},\cdots,y_{iT})$，$x_i'=(x_{i1},\cdots,x_{iT})$，$e'=(1,\cdots,1)$，$\varepsilon_i'=(\varepsilon_{i1},\cdots,\varepsilon_{iT})$。$S$关于$\eta_i$求偏导，并令其为 0，我们得到$\eta_i$的估计：

$$\hat{\eta}_i=\overline{y}_i-\beta\,\overline{x}_i,\ i=1,\cdots,N \tag{2.2.14}$$

其中

$$\overline{y}_i=\frac{1}{T}\sum_{t=1}^{T}y_{it},\ \overline{x}_i=\frac{1}{T}\sum_{t=1}^{T}x_{it}$$

仅当$T\to\infty$是相合的时，$\hat{\eta}_i$是无偏的。把式（2.2.14）代入式（2.2.13），并且S关于β求偏导，并令其为 0，有

$$\hat{\beta}_{\text{LSDV}}=\left[\sum_{i=1}^{N}\sum_{t=1}^{T}(x_{it}-\overline{x}_i)(x_{it}-\overline{x}_i)'\right]^{-1}\left[\sum_{i=1}^{N}\sum_{t=1}^{T}(x_{it}-\overline{x}_i)(y_{it}-\overline{y}_i)'\right] \tag{2.2.15}$$

因为η_i的观测值是虚拟变量的形式，所以最小二乘估计量$\hat{\beta}$称为 LSDV 估计量。对于固定的T，当$N\to\infty$时，$\hat{\beta}_{\text{LSDV}}$是无偏的和相合的。

下面通过引入时间均值算子（time mean operator）来消除η_i，从而使用最小二乘方法来得到和式（2.2.15）一样的结果。以向量的形式重写式（2.2.10），有

$$y_i=\beta x_i+e\eta_i+\varepsilon_i,\ i=1,\cdots,N \tag{2.2.16}$$

而时间均值算子是一个$T\times T$的矩阵，即

$$J_T=I_T-\frac{1}{T}ee' \tag{2.2.17}$$

其中，I_T是$T\times T$的单位矩阵，J_T的秩是$T-1$，且$J_Te=0$。使用时间均值算子J_T左乘式（2.2.16），有

$$\begin{aligned}J_Ty_i&=J_T\beta x_i+J_Te\eta_i+J_T\varepsilon_i\\&=J_T\beta x_i+J_T\varepsilon_i,\ i=1,\cdots,N\end{aligned} \tag{2.2.18}$$

J_T消除了固定效应η_i。但是变换后的扰动项$J_T\varepsilon_i$是相关的，其协方差阵为$\sigma_\varepsilon^2J_T$，所以针对式（2.2.9），使用 GLS 方法可以得到

$$\begin{aligned}\hat{\beta}_{\text{GLS}}&=\left[\sum_{i=1}^{N}x_i'J_T'J_T^{-}J_Tx_i\right]^{-1}\left[\sum_{i=1}^{N}x_i'J_T'J_T^{-}J_Ty_i\right]\\&=\left[\sum_{i=1}^{N}x_i'J_Tx_i\right]^{-1}\left[\sum_{i=1}^{N}x_i'J_Ty_i\right]\end{aligned} \tag{2.2.19}$$

其中，J_T^- 是 J_T 的广义逆（Theil，1971），即满足条件 $J_T'J_T^-J_T = J_T$，GLS 方法的详细介绍参见 2.2.3 节。因此，式（2.2.19）得到的 GLS 估计量等价于前面介绍的 LSDV 估计量，即 $\hat{\beta}_{\text{GLS}} = \hat{\beta}_{\text{LSDV}}$。使用时间均值算子消除固定效应并得到感兴趣参数的估计是解决线性面板数据模型参数估计问题的很重要的方法，基于此，Lee 和 Yu（2010）研究了空间面板数据模型参数估计问题。

2.2.3　随机效应模型

当我们能够确信面板数据的个体间的差异可以用参数来刻画时，2.2.2 节提出的固定效应模型也许是一种很合理的模型，模型（2.2.10）中的个体效应 η_i 被认为是常量即参数。但是，当截面个体从一个很大的总体抽样得来时，我们更倾向于认为个体效应是随机变量，这时随机效应模型更合理。对于面板数据模型，

$$y_{it} = x_{it}\beta + \eta_i + \varepsilon_{it},\quad i = 1,\cdots,N; t = 1,\cdots,T$$

当假定 η_i 是随机变量时，称模型（2.2.10）为随机效应模型。对于随机效应模型，除了要满足 $E(\varepsilon_{it} \mid x_{i1},\cdots,x_{iT}) = 0$ 和 ε_{it} 是均值为 0、方差为 σ_ε^2 的独立同分布的随机误差项，还要对随机项 η_i 进行进一步的假定：

$$\begin{gathered} E(\eta_i \mid x_{i1},\cdots,x_{iT}) = 0 \\ E(\eta_i^2) = \sigma_\eta^2 \end{gathered} \tag{2.2.20}$$

$E(\eta_i\eta_j) = 0,\quad i \neq j$；

$E(\varepsilon_{it}\eta_j) = 0,$ 对于所有的 i, j, t 均成立。

对于 T 个观测值，令

$$\begin{gathered} v_{it} = \eta_i + \varepsilon_{it} \\ v_i = (v_{i1},\cdots,v_{iT})' \end{gathered} \tag{2.2.21}$$

从而，对于模型（2.2.10），有

$$\begin{gathered} E(v_{it}^2) = \sigma_\varepsilon^2 + \sigma_\eta^2 \\ E(v_{it}v_{is}) = \sigma_\eta^2,\quad t \neq s \end{gathered} \tag{2.2.22}$$

因此，对于第 i 个个体的 T 个观测值，令 $V = E(v_iv_i')$ 为 v_i 的协方差阵，则

$$V = \begin{pmatrix} \sigma_\varepsilon^2 + \sigma_\eta^2 & \sigma_\eta^2 & \sigma_\eta^2 & \cdots & \sigma_\eta^2 \\ \sigma_\eta^2 & \sigma_\varepsilon^2 + \sigma_\eta^2 & \sigma_\eta^2 & \cdots & \sigma_\eta^2 \\ \vdots & \vdots & \vdots & & \vdots \\ \sigma_\eta^2 & \sigma_\eta^2 & \sigma_\eta^2 & \cdots & \sigma_\varepsilon^2 + \sigma_\eta^2 \end{pmatrix} = \sigma_\varepsilon^2 I_T + \sigma_\eta^2 ee' \tag{2.2.23}$$

其中，I_T 是 T 阶单位矩阵；e 是元素都是 1 的 T 维列向量。协方差矩阵 V 的非对角线上元素不是 0，因此不能用普通最小二乘（ordinary least squares，OLS）方

法，而只能采用 GLS 方法。模型（2.2.10）可以写成

$$y_i = x_i\beta + v_i,\quad i = 1,\cdots,N \tag{2.2.24}$$

其中

$$y_i = \begin{pmatrix} y_{i1} \\ y_{i2} \\ \vdots \\ y_{iT} \end{pmatrix},\quad x_i = \begin{pmatrix} x_{i1} \\ x_{i2} \\ \vdots \\ x_{iT} \end{pmatrix},\quad v_i = \begin{pmatrix} v_{i1} \\ v_{i2} \\ \vdots \\ v_{iT} \end{pmatrix}$$

根据 Maddala（1971）的研究，有

$$V^{-1} = \frac{1}{\sigma_\varepsilon^2}\left[I_T + \frac{1}{T}\left(\frac{\sigma_\varepsilon^2}{\sigma_\varepsilon^2 + T\sigma_\eta^2} - 1\right)ee'\right] \tag{2.2.25}$$

为了使用 GLS 方法，我们需要知道$V^{-1/2}$。经过计算可知

$$V^{-1/2} = \frac{1}{\sigma_\varepsilon^2}\left[I_T + \frac{\lambda}{T}ee'\right] \tag{2.2.26}$$

其中

$$\lambda = 1 - \frac{\sigma_\varepsilon}{\sqrt{\sigma_\varepsilon^2 + T\sigma_\eta^2}}$$

现在用$V^{-1/2}$左乘式（2.2.24），得到

$$V^{-1/2}y_i = V^{-1/2}x_i\beta + V^{-1/2}v_i,\quad i = 1,\cdots,N \tag{2.2.27}$$

为了说明方便，式（2.2.24）也可以写为

$$y_{i*} = x_{i*}\beta + v_{i*},\quad i = 1,\cdots,N \tag{2.2.28}$$

因为v_{i*}的协方差阵为

$$\begin{aligned} E(v_{i*}v_{i*}') &= V^{-1/2}E(v_iv_i')(V^{-1/2})' \\ &= V^{-1/2}V\ (V^{-1/2})' \\ &= I_T \end{aligned} \tag{2.2.29}$$

式（2.2.29）的第三个等式是由$V^{-1} = V^{-1/2}(V^{-1/2})'$得到的，所以经典的回归模型估计方法可以应用到模型（2.2.28）。针对模型（2.2.28），使用 GLS 方法去估计参数是有效的，即

$$\begin{aligned} \hat{\beta}_{\mathrm{GLS}} &= \left[\sum_{i=1}^{N} x_{i*}'x_{i*}\right]^{-1}\left[\sum_{i=1}^{N} x_{i*}'y_{i*}\right] \\ &= \left[\sum_{i=1}^{N} x_i'(V^{-1/2})'V^{-1/2}x_i\right]^{-1}\left[\sum_{i=1}^{N} x_i'(V^{-1/2})'V^{-1/2}y_i\right] \\ &= \left[\sum_{i=1}^{N} x_i'V^{-1}x_i\right]^{-1}\left[\sum_{i=1}^{N} x_i'V^{-1}y_i\right] \end{aligned} \tag{2.2.30}$$

当误差扰动项的协方差矩阵的非对角线上的元素不全为 0 时，上面的方法称为 GLS 方法，或者称为 Aitken 估计量，参见 Aitken（1935）的相关研究。V^{-1} 经过调整也可以写为

$$\begin{aligned} V^{-1} &= \frac{1}{\sigma_\varepsilon^2}\left[I_T + \frac{1}{T}\left(\frac{\sigma_\varepsilon^2}{\sigma_\varepsilon^2 + T\sigma_\eta^2} - 1\right)ee'\right] \\ &= \frac{1}{\sigma_\varepsilon^2}\left[\left(I_T - \frac{1}{T}ee'\right) + \frac{1}{T}\left(\frac{\sigma_\varepsilon^2}{\sigma_\varepsilon^2 + T\sigma_\eta^2}\right)ee'\right] \\ &= \frac{1}{\sigma_\varepsilon^2}\left[J_T + \psi \times \frac{1}{T}ee'\right] \end{aligned} \tag{2.2.31}$$

其中

$$\psi = \frac{\sigma_\varepsilon^2}{\sigma_\varepsilon^2 + T\sigma_\eta^2}$$

将式（2.2.31）中的 V^{-1} 代入式（2.2.30）中，经过计算可以得到 $\hat{\beta}_{\text{GLS}}$ 的一个等价形式，具体的推导过程参见 Hsiao（2003）的相关研究，等价形式是

$$\begin{aligned} \hat{\beta}_{\text{GLS}} &= \left[\frac{1}{T}\sum_{i=1}^{N} x_i' J_T x_i + \psi \sum_{i=1}^{N} (\overline{x}_i - \overline{x})^2\right]^{-1} \\ &\quad \times \left[\frac{1}{T}\sum_{i=1}^{N} x_i' J_T y_i + \psi \sum_{i=1}^{N} (\overline{x}_i - \overline{x})(\overline{y}_i - \overline{y})\right] \\ &= \Delta \hat{\beta}_b + (1-\Delta)\hat{\beta}_{\text{LSDV}} \end{aligned} \tag{2.2.32}$$

其中

$$\begin{aligned} \Delta &= \psi T\left[\sum_{i=1}^{N} x_i' J_T x_i + \psi T \sum_{i=1}^{N} (\overline{x}_i - \overline{x})^2\right]^{-1} \\ &\quad \times \left[\sum_{i=1}^{N} (\overline{x}_i - \overline{x})^2\right] \\ \hat{\beta}_b &= \left[\sum_{i=1}^{N} (\overline{x}_i - \overline{x})^2\right]^{-1}\left[\sum_{i=1}^{N} (\overline{x}_i - \overline{x})(\overline{y}_i - \overline{y})\right] \\ \overline{x} &= \frac{1}{NT}\sum_{i=1}^{N}\sum_{t=1}^{T} x_{it} \\ \overline{y} &= \frac{1}{NT}\sum_{i=1}^{N}\sum_{t=1}^{T} y_{it} \end{aligned} \tag{2.2.33}$$

估计量 $\hat{\beta}_b$ 称为组间估计量。通过分析式（2.2.32），我们发现 $\hat{\beta}_{\text{GLS}}$ 是组内和组间估计量的加权平均。当 $\psi \to 1$ 时，$\hat{\beta}_{\text{GLS}} \to \hat{\beta}_{\text{LS}}$，这里的 $\hat{\beta}_{\text{LS}}$ 是对模型（2.2.10）

的合并最小二乘估计的结果；当$\psi \to 0$时，$\hat{\beta}_{\mathrm{GLS}} \to \hat{\beta}_{\mathrm{LSDV}}$，这里的$\hat{\beta}_{\mathrm{LSDV}}$见式（2.2.15）。此外，可以证明

$$\begin{aligned}\mathrm{Var}(\hat{\beta}_{\mathrm{GLS}}) &= \sigma_{\varepsilon}^{2}\left[\sum_{i=1}^{N} x_i' J_T x_i + \psi T \sum_{i=1}^{N} (\overline{x}_i - \overline{x})^2\right] \\ &< \sigma_{\varepsilon}^{2}\left[\sum_{i=1}^{N} x_i' J_T x_i\right]^{-1} = \mathrm{Var}(\hat{\beta}_{\mathrm{LSDV}})\end{aligned} \tag{2.2.34}$$

对于随机效应模型（2.2.10）来说，GLS 估计量比 LSDV 估计量有效并且是 BLUE。

以上求 GLS 估计量时要求ψ是已知的，即方差元σ_{ε}^2和σ_{η}^2是已知的。当σ_{ε}^2和σ_{η}^2未知时，我们使用两步 GLS 方法，称为可行的 GLS（feasible-GLS，FGLS）方法，首先将σ_{ε}^2和σ_{η}^2的一致估计量$\hat{\sigma}_{\varepsilon}^2$和$\hat{\sigma}_{\eta}^2$分别代入式（2.2.32）中，然后利用式（2.2.32）得到β的 GLS 估计量，记为$\hat{\beta}_{\mathrm{FGLS}}$：

$$\begin{aligned}\hat{\beta}_{\mathrm{FGLS}} &= \left[\frac{1}{T}\sum_{i=1}^{N} x_i' J_T x_i + \hat{\psi}\sum_{i=1}^{N}(\overline{x}_i - \overline{x})^2\right]^{-1} \\ &\times \left[\frac{1}{T}\sum_{i=1}^{N} x_i' J_T y_i + \hat{\psi}\sum_{i=1}^{N}(\overline{x}_i - \overline{x})(\overline{y}_i - \overline{y})\right]\end{aligned} \tag{2.2.35}$$

其中

$$\hat{\psi} = \hat{\sigma}_{\varepsilon}^2 / (\hat{\sigma}_{\varepsilon}^2 + T\hat{\sigma}_{\eta}^2) \tag{2.2.36}$$

估计未知参数σ_{ε}^2和σ_{η}^2最常用的方法是 Swamy 和 Arora（1972）提出的，我们得到σ_{ε}^2和σ_{η}^2的一致估计量分别为

$$\hat{\sigma}_{\varepsilon}^2 = \frac{\sum_{i=1}^{N}\sum_{t=1}^{T}[(y_{it} - \overline{y}_i) - \hat{\beta}_{\mathrm{LSDV}}(x_{it} - \overline{x}_i)]^2}{N(T-1)} \tag{2.2.37}$$

$$\hat{\sigma}_{\eta}^2 = \frac{\sum_{i=1}^{N}(\overline{y}_i - \tilde{\beta}\overline{x}_i)^2}{N-1} - \frac{\hat{\sigma}_{\varepsilon}^2}{T} \tag{2.2.38}$$

其中，$\hat{\beta}_{\mathrm{LSDV}}$与式（2.2.15）形式一样，$\tilde{\beta} = \left[\sum_{i=1}^{N}\overline{x}_i^2\right]^{-1}\left[\sum_{i=1}^{N}\overline{x}_i\overline{y}_i\right]$。虽然求方差估计的方法有很多种，但是 Maddala 和 Mount（1973）指出选择方差估计的方法不会显著地影响 FGLS 估计的性质。当$N \to \infty$或者$T \to \infty$时，$\hat{\beta}_{\mathrm{FGLS}}$和方差元已知的$\hat{\beta}_{\mathrm{FGLS}}$有相同的渐近效（Fuller and Battese，1974），有关$\hat{\beta}_{\mathrm{FGLS}}$的具体讨论可以参见 Greene（2008）的相关研究。

当然，如果 η_i 和 ε_{it} 都服从正态分布，可以使用 MLE 方法去求 $(\beta,\sigma_\varepsilon^2,\sigma_\eta^2)$ 的估计。随机效应模型（2.2.10）的对数似然函数为

$$\begin{aligned}\ln L &= -\frac{NT}{2}\ln(2\pi)-\frac{N}{2}\ln|V| \\ &\quad -\frac{1}{2}\sum_{i=1}^{N}(y_i-\beta x_i)'V^{-1}(y_i-\beta x_i) \\ &= -\frac{NT}{2}\ln(2\pi)-\frac{N(T-1)}{2}\ln(\sigma_\varepsilon^2)-\frac{N}{2}\ln(\sigma_\varepsilon^2+T\sigma_\eta^2) \\ &\quad -\frac{1}{2\sigma_\varepsilon^2}\sum_{i=1}^{N}(y_i-\beta x_i)'J_T(y_i-\beta x_i) \\ &\quad -\frac{1}{2(\sigma_\varepsilon^2+T\sigma_\eta^2)}\sum_{i=1}^{N}(\overline{y}_i-\beta\overline{x}_i)^2\end{aligned} \tag{2.2.39}$$

其中，第二个等式利用式（2.2.31）中 V^{-1} 的表达式得到。另外，根据式（2.2.23），可以计算得到 V 的行列式：

$$|V|=\sigma_\varepsilon^{2(T-1)}(\sigma_\varepsilon^2+T\sigma_\eta^2) \tag{2.2.40}$$

下面我们关于对数似然函数（2.2.39）分别对 $\beta,\sigma_\varepsilon^2,\sigma_\eta^2$ 求偏导并令其为 0，得到 Score 方程：

$$\begin{aligned}\frac{\partial\ln L}{\partial\beta} &= \frac{1}{\sigma_\varepsilon^2}\sum_{i=1}^{N}x_i'J_T(y_i-\beta x_i) \\ &\quad -\frac{T\sigma_\varepsilon^2}{\sigma_\varepsilon^2+T\sigma_\eta^2}\sum_{i=1}^{N}(\overline{y}_i-\beta\overline{x}_i)=0\end{aligned} \tag{2.2.41}$$

$$\begin{aligned}\frac{\partial\ln L}{\partial\sigma_\varepsilon^2} &= -\frac{N(T-1)}{2\sigma_\varepsilon^2}-\frac{N}{2(\sigma_\varepsilon^2+T\sigma_\eta^2)} \\ &\quad +\frac{1}{2\sigma_\varepsilon^4}\sum_{i=1}^{N}(y_i-\beta x_i)'J_T(y_i-\beta x_i) \\ &\quad +\frac{T}{2(\sigma_\varepsilon^2+T\sigma_\eta^2)^2}\sum_{i=1}^{N}(\overline{y}_i-\beta\overline{x}_i)=0\end{aligned} \tag{2.2.42}$$

$$\begin{aligned}\frac{\partial\ln L}{\partial\sigma_\eta^2} &= -\frac{NT}{2(\sigma_\varepsilon^2+T\sigma_\eta^2)}+\frac{T^2}{2(\sigma_\varepsilon^2+T\sigma_\eta^2)^2} \\ &\quad \times\sum_{i=1}^{N}(\overline{y}_i-\beta\overline{x}_i)^2=0\end{aligned} \tag{2.2.43}$$

通过同时解方程（2.2.41）~方程（2.2.43），我们可以求得 $(\beta,\sigma_\varepsilon^2,\sigma_\eta^2)$ 的 MLE。由于不能求得估计量的精确表达式，在数值计算过程中使用 Newton-Raphson 迭代算法，详见 Tanner（1996）的算法介绍。

当T固定而$N\to\infty$时，$(\beta,\sigma_\varepsilon^2,\sigma_\eta^2)$的MLE是相合的；当$N\to\infty$和$T\to\infty$时，$(\beta,\sigma_\varepsilon^2,\sigma_\eta^2)$的 MLE 也是相合的。但是，当$N$固定而$T\to\infty$时，$(\beta,\sigma_\varepsilon^2)$的 MLE 是相合的，而$\sigma_\eta^2$的MLE是不相合的，详见Anderson和Hsiao（1981）及Anderson和Hsiao（1982）的相关研究。

2.3　模型设定检验

在实际应用中，怎样区分面板数据模型是固定效应模型还是随机效应模型？这就涉及模型的设定检验。本节主要介绍Hausman检验（Hausman test）方法，这种方法可以验证面板数据模型的设定是固定效应还是随机效应。

随机效应模型（2.2.10）假定$E(\eta_i\,|\,x_{i1},\cdots,x_{iT})=0$，即个体效应$\eta_i$与解释变量之间是不相关的。为了说明方便，令$\hat{\beta}_{\mathrm{FE}}$和$\hat{\beta}_{\mathrm{RE}}$分别是固定效应面板数据模型和随机效应面板数据模型中参数β的估计量，当$E(\eta_i\,|\,x_{i1},\cdots,x_{iT})=0$时，参数$\beta$的估计$\hat{\beta}_{\mathrm{FE}}$和$\hat{\beta}_{\mathrm{RE}}$都是一致估计量，二者差异不显著，此时采用随机效应面板数据模型可以提高估计量的有效性。但是，当$E(\eta_i\,|\,x_{i1},\cdots,x_{iT})\neq 0$时，两种估计的结果差异显著，应使用固定效应面板数据模型。Hausman基于上述思想建立了如下检验：

$$H_0: E(\eta_i\,|\,x_{i1},\cdots,x_{iT})=0 \text{（随机效应）}$$
$$H_1: E(\eta_i\,|\,x_{i1},\cdots,x_{iT})\neq 0 \text{（固定效应）}$$

检验统计量为

$$H=(\hat{\beta}_{\mathrm{FE}}-\hat{\beta}_{\mathrm{RE}})^2/[\mathrm{Var}(\hat{\beta}_{\mathrm{FE}})-\mathrm{Var}(\hat{\beta}_{\mathrm{RE}})]$$

本书讨论的随机效应面板数据模型中的参数β是标量，因此$H\sim\chi^2_{(1)}$。

第 3 章　动态面板数据模型及其参数估计

第 2 章研究了静态面板数据模型，主要有两类模型：一类是固定效应面板数据模型；另一类是随机效应面板数据模型。如果静态面板数据模型中包含滞后的被解释变量，即滞后的被解释变量作为一个解释变量，这个新模型就是动态面板数据模型。动态面板数据模型也分为固定效应面板数据模型和随机效应面板数据模型。动态面板数据模型能够更好地研究动态经济学行为，例如，它可用于研究经济增长、商业周期、家庭收入、公司资本结构等问题。但是，由于模型中增加了滞后的被解释变量，动态面板数据模型估计相对于静态面板数据模型变得困难。对于固定效应动态面板数据模型，LSDV 估计和 GLS 估计不再是相合估计；对于随机效应动态面板数据模型，OLS 估计是不相合的，不相合主要是由不可观测的个体效应、滞后的被解释变量或扰动项相关性引起的。但是在某些条件下，MLE、IV 估计、GMM 估计是相合的，初值的选取对估计来说是非常重要的。本章在回顾固定效应动态面板数据模型的估计方法的基础上，基于交互迭代算法提出 MLE 偏倚校正方法，研究固定效应动态面板数据模型的估计问题并进行数值模拟，另外简单介绍随机效应动态面板数据模型的估计方法。

3.1　固定效应模型

我们考虑如下动态模型：

$$y_{it} = \gamma y_{it-1} + \beta' x_{it} + \eta_i + \varepsilon_{it},\ i = 1, \cdots, N;\ \ t = 1, \cdots, T \tag{3.1.1}$$

其中，x_{it} 是由解释变量构成的 $K \times 1$ 向量，可以包括常数项；β 是由感兴趣参数构成的 $K \times 1$ 向量；η_i 是第 i 个个体所具有的特别的效应，它不随着时间而变化；

ε_{it} 是均值为 0、方差为 σ_ε^2 的独立同分布随机变量。此外，我们假定初值 y_{i0} 是可观测的。与静态面板数据模型（2.2.1）相比，动态面板数据模型（3.1.1）将滞后的被解释变量作为一个解释变量。当 η_i 是参数时，模型（3.1.1）就是固定效应动态面板数据模型；当 η_i 是随机变量时，模型（3.1.1）就是随机效应动态面板数据模型。当 $|\gamma|<1$ 时，在 x_{it} 条件下 y_{it} 的动态过程是平稳的。与静态面板数据模型相比，动态面板数据模型有两个问题需要注意：一个是滞后被解释变量 y_{it-1} 在回归量中，这样 y_{it-1} 不是一个严格局外变量：另一个是存在初值 y_{i0}，且不可忽视。

对模型（3.1.1）使用递推法，可以得到

$$y_{it}=\gamma^t y_{i0}+\sum_{j=0}^{t}\gamma^j\beta' x_{it-1}+\frac{1-\gamma^t}{1-\gamma}\eta_i+\sum_{j=0}^{t-1}\gamma^j\varepsilon_{it-j} \tag{3.1.2}$$

从式（3.1.2）可以看出，y_{it} 非常依赖 y_{i0} 和 η_i，而当 T 小或者 γ 接近 1 时，y_{i0} 不会消失。Nerlove 和 Balestra（1992）指出，初值 y_{i0} 的假设对各种估计量的性质起决定性作用。简单的处理方法是假定 y_{i0} 是独立于参数的常量，这时在初值时刻即 $t=0$ 时假设没有个体效应。有关初值选取的进一步讨论可以参见 Anderson 和 Hsiao（1981）的相关研究。

3.1.1 动态面板数据模型的估计方法

本节先考虑固定效应动态面板数据模型。为了讨论问题的方便，先考虑不含外生解释变量 x_{it} 的情况：

$$y_{it}=\gamma y_{it-1}+\eta_i+\varepsilon_{it},\ |\gamma|<1,\ i=1,\cdots,N;\ \ t=1,\cdots,T \tag{3.1.3}$$

这里我们假定 y_{i0} 是观测的。另外，我们假定 $E(y_{i0}\varepsilon_{it})=0, i=1,\cdots,N;\ \ t=1,\cdots,T$。

η_i 和 γ 的 LSDV 估计量为

$$\hat{\eta}_i=\frac{1}{T}\sum_{i=1}^{T}(y_{it}-\hat{\gamma}y_{it-1}), i=1,\cdots,N \tag{3.1.4}$$

$$\begin{aligned}\hat{\gamma}&=\frac{\sum_{i=1}^{N}\sum_{t=1}^{T}(y_{it}-\overline{y}_i)(y_{it-1}-\overline{y}_{i,-1})}{\sum_{i=1}^{N}\sum_{t=1}^{T}(y_{it-1}-\overline{y}_{i,-1})^2}\\&=\gamma+\frac{\sum_{i=1}^{N}\sum_{t=1}^{T}(y_{it}-\overline{y}_i)(\varepsilon_{it}-\overline{\varepsilon}_i)}{\sum_{i=1}^{N}\sum_{t=1}^{T}(y_{it-1}-\overline{y}_{i,-1})^2}\end{aligned} \tag{3.1.5}$$

其中

$$\bar{y}_i = \frac{1}{T}\sum_{t=1}^{T} y_{it}\ ,\quad \bar{y}_{i,-1} = \frac{1}{T}\sum_{t=1}^{T} y_{it-1}\ ,\quad \bar{\varepsilon}_i = \frac{1}{T}\sum_{t=1}^{T} \varepsilon_{it}$$

如果式（3.1.5）的第二个等式的分母不为 0，即 $\sum_{i=1}^{N}\sum_{t=1}^{T}(y_{it-1}-\bar{y}_{i,-1})^2 \neq 0$，则 LSDV 存在。如果 ε_{it} 服从正态分布，式（3.1.4）和式（3.1.5）也是在已知 y_{i0} 条件下 η_i 和 γ 的 MLE。如果 $T\to\infty$，则 $\hat{\eta}_i$ 和 $\hat{\gamma}$ 是相合的。对于 T 固定和 $|\gamma|<1$，$N\to\infty$，有

$$p\lim_{N\to\infty}(\hat{\gamma}-\gamma) = \frac{\lim\limits_{N\to\infty}\dfrac{1}{NT}\sum\limits_{i=1}^{N}\sum\limits_{t=1}^{T}E(y_{it-1}-\bar{y}_{i,-1})(\varepsilon_{it}-\bar{\varepsilon}_i)}{\lim\limits_{N\to\infty}\dfrac{1}{NT}\sum\limits_{i=1}^{N}\sum\limits_{t=1}^{T}E(y_{it-1}-\bar{y}_{i,\ 1})^2} \tag{3.1.6}$$

假设式（3.1.6）中分母是非 0 的、有限的。为了求得式（3.1.6）的极限值，我们注意到

$$\begin{aligned}\bar{y}_{i,-1} = \frac{1}{T}\sum_{t=1}^{T}y_{it-1} &= \eta_i\left[\frac{(T-1)-T\gamma+\gamma^T}{T(1-\gamma)^2}\right] + \frac{y_{i0}}{T}\left(\frac{1-\gamma^T}{1-\gamma}\right)\\ &+\frac{1}{T}\left(\frac{1-\gamma^{T-1}}{1-\gamma}\right)\varepsilon_{i1} + \frac{1}{T}\left(\frac{1-\gamma^{T-2}}{1-\gamma}\right)\varepsilon_{i2} + \cdots + \frac{1}{T}\left(\frac{1-\gamma}{1-\gamma}\right)\varepsilon_{iT}\end{aligned} \tag{3.1.7}$$

由于式（3.1.7）和 $E(y_{it-1}\varepsilon_{it})=0$，有

$$\begin{aligned}\frac{1}{NT}\sum_{i=1}^{N}\sum_{t=1}^{T}E[(y_{it-1}-\bar{y}_{i,-1})(\varepsilon_{it}-\bar{\varepsilon}_i)] &= \frac{1}{NT}\sum_{i=1}^{N}\sum_{t=1}^{T}E[(y_{it-1}-\bar{y}_{i,-1})\varepsilon_{it}]\\ &= -\frac{1}{NT}\sum_{i=1}^{N}\sum_{t=1}^{T}E(\bar{y}_{i,-1}\varepsilon_{it})\end{aligned} \tag{3.1.8}$$

根据式（3.1.7），有

$$\begin{aligned}E(\varepsilon_{it}\bar{y}_{i,-1}) = E(\varepsilon_{it}\eta_i)&\left[\frac{(T-1)-T\gamma+\gamma^T}{T(1-\gamma)^2}\right] + \frac{E(\varepsilon_{it}y_{i0})}{T}\left(\frac{1-\gamma^T}{1-\gamma}\right)\\ &+\frac{\sigma_\varepsilon^2}{T}\left(\frac{1-\gamma^{T-t}}{1-\gamma}\right)\end{aligned}$$

假设 $E(\varepsilon_{it}\eta_i)=E(\varepsilon_{it}y_{i0})=0$，有

$$\frac{1}{NT}\sum_{i=1}^{N}\sum_{t=1}^{T}E[(y_{it-1}-\bar{y}_{i,-1})(\varepsilon_{it}-\bar{\varepsilon}_i)] = -\frac{\sigma_\varepsilon^2}{T(1-\gamma)}\left[1-\frac{1-\gamma^T}{T(1-\gamma)}\right]$$

根据式（3.1.6）的分母，也可以得到

$$\begin{aligned}\frac{1}{NT}\sum_{i=1}^{N}\sum_{t=1}^{T}E(y_{it-1}-\bar{y}_{i,-1})^2 &= \frac{\sigma_\varepsilon^2}{1-\gamma^2}\left[\frac{T-1}{T}-\frac{2\gamma}{(1-\gamma)T}\left(1-\frac{1-\gamma^T}{T(1-\gamma)}\right)\right]\\ &= \frac{\sigma_\varepsilon^2}{1-\gamma^2}+O(T^{-1})\end{aligned}$$

因此，可以得到 T 小时的偏倚为

$$\begin{aligned}p\lim_{N\to\infty}(\hat{\gamma}-\gamma)=&-\frac{1+\gamma}{T-1}\left(1-\frac{1}{T}\times\frac{1-\gamma^T}{1-\gamma}\right)\\&\times\left\{1-\frac{2\gamma}{(1-\gamma)(T-1)}\left[1-\frac{1}{T}\times\frac{1-\gamma^T}{1-\gamma}\right]\right\}^{-1}\end{aligned} \tag{3.1.9}$$

因为 Nickell（1981）首先给出了这个偏倚的公式，所以这个偏倚称为 Nickell 偏倚。当然，有关动态面板数据模型参数估计偏倚的讨论可以参见 Hsiao（2014）的相关研究。

针对式（3.1.3），在估计 γ 时，我们首先使用差分方法消除讨厌参数 η_i 对估计的影响，但是在消除过程中发现解释变量和扰动项是相关的，模型（3.1.3）差分后具体如下：

$$y_{it}-\overline{y}_i=\gamma(y_{it-1}-\overline{y}_{i,-1})+(\varepsilon_{it}-\overline{\varepsilon}_i) \tag{3.1.10}$$

由于 $y_{it-1}-\overline{y}_{i,-1}$ 和 $\varepsilon_{it}-\overline{\varepsilon}_i$ 具有相关性，由式（3.1.9）可知 $\hat{\gamma}$ 是有偏的。$\hat{\gamma}$ 的 MLE 的有偏性主要是由经典的伴随参数问题（incidental parameters problem）造成的，也就是参数的个数随着个体的增加而增加，具体可参见 Neyman 和 Scott（1948）的相关研究。Lancaster（2000）回顾了伴随参数问题。当 T 固定，并且在模型中增加外生解释变量时，不能解决伴随参数问题，无论 LSDV 估计还是 MLE 都是有偏的，可以参见 Anderson 和 Hsiao（1982）、Nerlove（1971）和 Nickell（1981）的相关研究。

Anderson 和 Hsiao（1981）使用 IV 法去估计 γ。对于固定的 T，当 $N\to\infty$ 时，$\hat{\gamma}$ 是 γ 的相合估计。

对式（3.1.3）进行一阶差分消除 η_i 后，有

$$y_{it}-y_{it-1}=\gamma(y_{it-1}-y_{it-2})+(\varepsilon_{it}-\varepsilon_{it-1}),i=1,\cdots,N;\quad t=1,\cdots,T \tag{3.1.11}$$

在差分方程（3.1.11）中，误差项 $\varepsilon_{it}-\varepsilon_{it-1}$ 与 $y_{it-1}-y_{it-2}$ 是相关的。由于 y_{it-2} 或 $y_{it-2}-y_{it-3}$ 与 $\varepsilon_{it}-\varepsilon_{it-1}$ 是不相关的，而与 $y_{it-1}-y_{it-2}$ 是相关的，y_{it-2} 和 $y_{it-2}-y_{it-3}$ 是有效的 IV。以 y_{it-2} 作为 $y_{it-1}-y_{it-2}$ 的 IV，得到

$$\hat{\gamma}_{\mathrm{IV}}=\frac{\sum_{i=1}^{N}\sum_{t=2}^{T}(y_{it}-y_{it-1})y_{it-2}}{\sum_{i=1}^{N}\sum_{t=2}^{T}(y_{it-1}-y_{it-2})y_{it-2}} \tag{3.1.12}$$

以 $y_{it-2}-y_{it-3}$ 作为 $y_{it-1}-y_{it-2}$ 的 IV，得到

$$\hat{\gamma}_{\mathrm{IV}}=\frac{\sum_{i=1}^{N}\sum_{t=3}^{T}(y_{it}-y_{it-1})(y_{it-2}-y_{it-3})}{\sum_{i=1}^{N}\sum_{t=3}^{T}(y_{it-1}-y_{it-2})(y_{it-2}-y_{it-3})} \tag{3.1.13}$$

当 $N\to\infty$ 或 $T\to\infty$ 时，$\hat{\gamma}_{\mathrm{IV}}$ 是相合估计。Arellano（1989）指出由滞后差分构造的 IV 而得来的估计量有很大的方差。但是 Arellano 和 Bond（1991）、Kiviet（1995）通过数值模拟发现使用滞后变量作为 IV 时估计效果非常好。

对于差分方程（3.1.11），除了 y_{it-2} 和 $y_{it-2}-y_{it-3}$ 是变量 $y_{it-1}-y_{it-2}$ 的 IV，变量 $y_{it-1}-y_{it-2}$ 还有其他的 IV，可以参见 Amemiya 和 MaCurdy（1986）、Arellano 和 Bond（1991）、Breusch 等（1989）的研究。例如，因为 $E[y_{it-s}(y_{it-1}-y_{it-2})]\neq 0$，所以 $y_{it-s}\,(s\geqslant 2)$ 就是 $y_{it-1}-y_{it-2}$ 的 IV，而对于 $s\geqslant 2$，$E[y_{it-s}(\varepsilon_{it}-\varepsilon_{it-1})]=0$。其中 $E[y_{it-s}(\varepsilon_{it}-\varepsilon_{it-1})]=0$ 可以写成

$$E[y_{it-s}\Delta\varepsilon_{it}]=0, t=2,\cdots,T; s\geqslant 2 \tag{3.1.14}$$

其中，Δ 是一阶差分算子，$\Delta\varepsilon_{it}=\varepsilon_{it}-\varepsilon_{it-1}$。式（3.1.14）的 $m=0.5T(T-1)$ 矩条件（正交条件）可以表示成下面的矩阵形式：

$$E(Z_i'\overline{u}_i)=0 \tag{3.1.15}$$

其中，Z_i 是 $(T-1)\times m$ 矩阵

$$Z_i=\begin{pmatrix} y_{i0} & 0 & 0 & \cdots & 0 & \cdots & 0 \\ 0 & y_{i0} & y_{i1} & \cdots & 0 & \cdots & 0 \\ \vdots & \vdots & \vdots & & \vdots & & \vdots \\ 0 & 0 & 0 & \cdots & y_{i0} & \cdots & y_{iT-2} \end{pmatrix} \tag{3.1.16}$$

$\overline{u}_i$ 是 $T-1$ 维向量，$\overline{u}_i=(\Delta\varepsilon_{i2},\Delta\varepsilon_{i3},\cdots,\Delta\varepsilon_{iT})'$。基于式（3.1.15）的正交条件，感兴趣参数 γ 的 GMM 估计量是通过使式（3.1.17）达到最小得到的：

$$\left(\frac{1}{N}\sum_{i=1}^{N}Z_i'\overline{u}_i\right)' A_N\left(\frac{1}{N}\sum_{i=1}^{N}Z_i'\overline{u}_i\right) \tag{3.1.17}$$

其中，A_N 是正定矩阵。当然，我们也可以把式（3.1.17）写成矩阵形式，再通过使之达到最小求出 γ 的估计：

$$\min_{\gamma}(\overline{u}'ZA_NZ'\overline{u}) \tag{3.1.18}$$

其中，Z' 是 $m\times N(T-1)$ 矩阵，$Z'=(Z_1',Z_2',\cdots,Z_N')$；$\overline{u}'$ 是 $N(T-1)$ 维向量 $\overline{u}'=(\overline{u}_1',\overline{u}_2',\cdots,\overline{u}_N')$。因此，Arellano 和 Bond（1991）提出 γ 的 GMM 估计量为

$$\hat{\gamma}_{\mathrm{GMM}}=(\overline{y}_{-1}'ZA_NZ'\overline{y}_{-1})^{-1}\overline{y}_{-1}'ZA_NZ'\overline{y} \tag{3.1.19}$$

其中

$$\begin{gathered}\overline{y}=(\overline{y}_1',\overline{y}_2',\cdots,\overline{y}_N')' \\ \overline{y}_{-1}=(\overline{y}_{1,-1}',\overline{y}_{2,-1}',\cdots,\overline{y}_{N,-1}')'\end{gathered} \tag{3.1.20}$$

$$\overline{y}_i' = (\Delta y_{i2}, \Delta y_{i3}, \cdots, \Delta y_{iT})$$

$$\overline{y}_{i,-1}' = (\Delta y_{i1}, \Delta y_{i2}, \cdots, \Delta y_{iT-1})$$

实际上，通过式（3.1.19）去求γ的 GMM 估计量必须先找到最优权重矩阵A_N，我们分两步去得到最优权重矩阵。首先，选择一个A_N，利用式（3.1.19）得到的最初的 GMM 估计量。令

$$A_N = \left(\frac{1}{N} \sum_{i=1}^{N} Z_i' H Z_i \right)^{-1} \tag{3.1.21}$$

其中，H是$(T-1)\times(T-1)$的矩阵

$$H = \begin{pmatrix} 2 & -1 & 0 & \cdots & 0 \\ -1 & 2 & -1 & \cdots & 0 \\ 0 & -1 & 2 & \cdots & 0 \\ \vdots & \vdots & \vdots & & \vdots \\ 0 & 0 & 0 & \cdots & 2 \end{pmatrix} \tag{3.1.22}$$

其次，基于γ的最初的 GMM 估计量，得到残差$\hat{u}_i'$，从而得到最优权重矩阵：

$$A_N = \left(\frac{1}{N} \sum_{i=1}^{N} Z_i' \hat{u}_i \hat{u}_i' Z_i \right)^{-1} \tag{3.1.23}$$

Kruiniger（2007）使用两步最优线性 GMM 方法研究了动态面板数据模型（3.1.3），当数据协方差平稳时，他提出的估计量渐近等价于 Ahn 和 Schmidt（1997）提出的最优非线性 GMM 估计量。对于 GMM 估计量的性质，Hansen（1982）已经做了详细讨论。Blundell 和 Bond（1998）指出对于动态面板数据模型，由 IV 法和 GMM 法得到的估计量当γ接近 1 时都会碰到弱工具问题（weak instrument problem），具体讨论可参见 Han 和 Phillips（2006）、Staiger 和 Stock（1997）、Stock 和 Wright（2000）的相关研究。Arellano 和 Bover（1995）、Blundell 和 Bond（1998）提出了系统 GMM 方法等来解决弱工具问题。Han 和 Phillips（2010）也提出了简单 GMM 方法来解决弱工具问题，弱工具问题主要是由γ接近 1 造成的，同时他们证明了对于所有的$\gamma \in (-1,1]$，新的估计量是渐近正态的。

在动态面板数据模型（3.1.3）中，假定ε_{it}独立同分布于$N(0,\sigma_\varepsilon^2)$，使用 MLE 方法或者 LSDV 方法去求$\gamma$的估计。通过式（3.1.5）我们发现估计量是不相合的也是有偏的。Hsiao 等（2002）针对固定效应动态面板数据模型，提出了变换似然方法去研究参数估计问题。另外，Hahn 和 Kuersteiner（2002）基于 MLE 提出了偏倚校正方法，并将该方法与 GMM 方法做了模拟比较，模拟结果表明偏倚校正估计量模拟效果要比 GMM 估计量好些，但是除了要求ε_{it}独立同分布于$N(0,\sigma_\varepsilon^2)$，还有需要满足$0 < \lim \frac{N}{T} \equiv \rho < \infty$，$\frac{1}{N}\sum_{i=1}^{N} y_{i0}^2 = O(1)$和$\frac{1}{N}\sum_{i=1}^{N} \eta_i^2 = O(1)$。根据

Hahn 和 Kuersteiner（2002）的相关研究，对于动态面板数据模型（3.1.3），有

$$\begin{aligned}\hat{\gamma}_{\text{Hahn}} \equiv & \left[\frac{1}{NT}\sum_{i=1}^{N}\sum_{t=1}^{T}(y_{it-1}-\overline{y}_{i,-1})^2\right]^{-1} \\ & \times\left[\frac{1}{NT}\sum_{i=1}^{N}\sum_{t=1}^{T}(y_{it-1}-\overline{y}_{i,-1})(y_{it}-\overline{y}_{i})+\frac{1}{T}(1-\hat{\gamma})^{-1}\hat{\sigma}_{\varepsilon}^2\right]\end{aligned} \quad (3.1.24)$$

其中，$\hat{\sigma}_{\varepsilon}^2=(1-\hat{\gamma})^2\left[\frac{1}{NT}\sum_{i=1}^{N}\sum_{t=1}^{T}(y_{it-1}-\overline{y}_{i,-1})^2\right]$。因此，经过简单计算可知这个偏倚校正估计量是

$$\hat{\gamma}_{\text{Hahn}}=\frac{T+1}{T}\hat{\gamma}+\frac{1}{T} \quad (3.1.25)$$

其中，$\hat{\gamma}$ 是由式（3.1.5）给出的。对估计的渐近性质及其理论证明可参见 Hahn 和 Kuersteiner（2002）的相关研究。

3.1.2　迭代 bootstrap 偏倚校正方法

对于动态面板数据模型（3.1.3），我们将在 MLE 的基础上，使用迭代 bootstrap 方法去调整 γ 的 MLE 的偏倚，详见 Yu 等（2011）的相关研究。我们提出的偏倚校正方法与 Hahn 和 Kuersteiner（2002）提出的偏倚校正方法不同，但也能应用到二元面板数据模型上，具体将在第 4 章详细讨论。γ 和 $\eta=(\eta_1,\cdots,\eta_N)$ 的 MLE 分别记为 $\hat{\gamma}_{\text{MLE}}$ 和 $\hat{\eta}_{\text{MLE}}=(\hat{\eta}_1,\cdots,\hat{\eta}_N)$，它们是通过使下面的对数似然函数达到最大得到的：

$$\begin{aligned}l(\gamma,\eta) &= \sum_{i=1}^{N} l_i(\gamma,\eta_i) \\ &= \sum_{i=1}^{N}\sum_{t=1}^{T}\left[-\frac{(y_{it}-\gamma y_{it-1}-\eta_i)^2}{2\sigma_{\varepsilon}^2}+\frac{1}{2}\ln\frac{1}{\sigma_{\varepsilon}^2}\right]+c\end{aligned} \quad (3.1.26)$$

其中，c 是任意常量；η_i 和 γ 的 MLE $\hat{\eta}_i$ 和 $\hat{\gamma}_{\text{MLE}}$ 有精确的表达式，分别是式（3.1.4）和式（3.1.5）；η_i 是讨厌参数；γ 是感兴趣参数。参数个数随着个体个数的增加而增多，这就是著名的伴随参数问题（Neyman and Scott，1948），从而 γ 的 MLE 是不相合的。基于交替迭代算法，我们得到计算 MLE 的方法，即交替迭代 MLE（alternating iterative maximum likelihood estimator，AIMLE）方法，AIMLE 方法可以应用到参数的 MLE 没有精确表达的情况，也可应用到对数似然函数是半凹函数和凹函数的情况。半凹函数的介绍参见 Shi 等（2008）、Yu 等（2013）的相关研究。

【定义 3.1.1】　令 C 是 R^{k_1} 的凸子集，D 是 R^{k_1} 的凸子集。称函数 $f(\theta,\varphi;x)$ 是关于 (θ,φ) 的半凹函数。如果

（1）$f(\theta,\varphi;x)$ 在上 $C\times D$ 有定义；

（2）对于给定的$\theta \in C$，$f(\theta,\cdot;x)$是定义在D上的严格凹函数，对于给定的$\varphi \in C$，$f(\cdot,\varphi;x)$是定义在C上的严格凹函数。

其实有很多对数似然函数是半凹函数，如固定效应二元面板数据模型的对数似然函数等。如果对数似然函数是凹凸函数（Rockfellar，1972），那么我们可以采用 Lagrange 鞍点算法去求感兴趣参数的 MLE，详见 Yu 等（2012b）的研究。我们基于 AIMLE 提出了偏倚校正估计量（bias correction estimator，BCE）。下面我们首先介绍计算$\hat{\eta}_i$和$\hat{\gamma}_{\mathrm{MLE}}$的算法，这个算法也可以应用到二元面板数据模型上，主要由于二元面板数据模型参数的 MLE 没有精确表达，另外对数似然函数是半凹函数。给定参数γ，根据η_i的一阶条件，得

$$\frac{\partial l_i(\gamma,\eta_i)}{\partial \eta_i}=\sum_{t=1}^{T}(y_{it}-\gamma y_{it-1}-\eta_i) \qquad (3.1.27)$$

η_i的 MLE 由式（3.1.28）得到：

$$\sum_{t=1}^{T} y_{it}=\sum_{t=1}^{T}(\gamma y_{it-1}+\eta_i) \qquad (3.1.28)$$

如果给定固定效应η_i，γ的 MLE 通过γ的一阶条件获得：

$$\frac{\partial l(\gamma,\eta)}{\partial \gamma}=\sum_{i=1}^{N}\sum_{t=1}^{T} y_{it-1}(y_{it}-\gamma y_{it-1}-\eta_i)=0 \qquad (3.1.29)$$

根据式（3.1.28）和式（3.1.29），我们能求得$\hat{\eta}_i$和$\hat{\gamma}_{\mathrm{MLE}}$精确的表达式。此外，使用交替迭代算法也可以获得$\gamma$和$\eta$的 MLE，该算法和 Shi 等（2008）的交替迭代方法相似，步骤如下。

第 0 步，任取$\gamma^{(0)}$，在R^N中求$l(\gamma^{(0)},\eta)$的最大值点$\eta^{(0)}$，即解方程（3.1.28）。

第（n，1）步，固定$\eta^{(n-1)}$，在R上求$l(\gamma,\eta^{(n-1)})$的最大值点$\gamma^{(n)}$，即解方程（3.1.29）。

第（n，2）步，固定$\gamma^{(n)}$，在R^N中求$l(\gamma^{(n)},\eta)$的最大值点$\eta^{(n)}$，即解方程（3.1.28）。

对于整数$m>1$，如果$|\gamma^{(n+1)}-\gamma^{(n)}|<10^{-m}$，在第（$n$，1）步停止交替迭代算法。最终可以得到两个点估计序列$\{\gamma^{(n)}\}\subset R$和$\{\eta^{(n)}\}\subset R^N$。显然，对于$n \geqslant 1$，

$$l(\gamma^{(n)},\eta^{(n)}) \leqslant l(\gamma^{(n+1)},\eta^{(n)}) \leqslant l(\gamma^{(n+1)},\eta^{(n+1)}) \qquad (3.1.30)$$

在上述过程中，序列$\{\gamma^{(n)}\}$和$\{\eta^{(n)}\}$是交替得到的，所以称为交替迭代算法。下面证明应用交替迭代算法得到的估计序列$\{\gamma^{(n)},\eta^{(n)}\}$是收敛的。首先列出引理。

【引理 3.1.1】　令$\{y_n\}$是R^k中的有界无穷序列，若$\{y_n\}$的任一收敛子序列收敛到同一极限$\hat{y}$，则$\{y_n\}$收敛。

【引理 3.1.2】　对于迭代序列$\{\gamma^{(n)}\}$，当$n\to\infty$时，$|\gamma^{(n+1)}-\gamma^{(n)}|\to 0$。

证明：首先证明，对于任意的$n \geqslant 1$，

$$l'(\gamma^{(n+1)},\eta^{(n)})\times(\gamma^{(n)}-\gamma^{(n+1)})\leqslant 0 \tag{3.1.31}$$

假设存在$n_0\geqslant 1$使得$l'(\gamma^{(n_0+1)},\eta^{(n_0)})\times(\gamma^{(n_0)}-\gamma^{(n_0+1)})>0$，则当$t>0$时

$$\begin{aligned}&l(\gamma^{(n_0+1)}+t(\gamma^{(n_0)}-\gamma^{(n_0+1)}),\eta^{(n_0)})\\&=l(\gamma^{(n_0+1)},\eta^{(n_0)})+t\times l'(\gamma^{(n_0+1)},\eta^{(n_0)})\times(\gamma^{(n_0)}-\gamma^{(n_0+1)})+o(t)\\&>l(\gamma^{(n_0+1)},\eta^{(n_0)})\end{aligned} \tag{3.1.32}$$

这与$l(\gamma^{(n_0+1)},\eta^{(n_0)})=\max\limits_{\gamma\in R}l(\gamma,\eta^{(n_0)})$矛盾，所以式（3.1.31）是正确的。

其次，根据式（3.1.26）可得

$$l''(\gamma,\eta_0)=-\sum_{i=1}^{N}\sum_{t=1}^{T}\frac{y_{it-1}^2}{\sigma_\varepsilon^2}<M<0 \tag{3.1.33}$$

所以很容易证得存在$M<0$，对任意的$\gamma,\gamma_1,\gamma_2\in R$，使得

$$(\gamma_1-\gamma_2)^2\times l''(\gamma,\eta_0)\leqslant M\times|\gamma_1-\gamma_2|^2 \tag{3.1.34}$$

因为$l(\gamma,\eta)$在开集$R\times R^N$上有连续的二阶偏导数，所以

$$\begin{aligned}l(\gamma^{(n)},\eta^{(n)})=&\,l(\gamma^{(n+1)},\eta^{(n)})+l'(\gamma^{(n+1)},\eta^{(n)})\times(\gamma^{(n)}-\gamma^{(n+1)})\\&+\frac{1}{2}l''(\xi^{(n+1)},\eta^{(n)})\times(\gamma^{(n)}-\gamma^{(n+1)})^2\end{aligned} \tag{3.1.35}$$

其中，$\xi^{(n)}=t^{(n)}\gamma^{(n)}+(1-t^{(n)})\gamma^{(n+1)}$，$0<t^{(n)}<1$。

因此

$$\begin{aligned}&\frac{M}{2}|\gamma^{(n)}-\gamma^{(n+1)}|^2\\&\geqslant 0.5l''(\xi^{(n+1)},\eta^{(n)})\times(\gamma^{(n)}-\gamma^{(n+1)})^2\\&=l(\gamma^{(n)},\eta^{(n)})-l(\gamma^{(n+1)},\eta^{(n)})-l'(\gamma^{(n+1)},\eta^{(n)})\times(\gamma^{(n)}-\gamma^{(n+1)})\\&\geqslant l(\gamma^{(n)},\eta^{(n)})-l(\gamma^{(n+1)},\eta^{(n)})\\&=f_{2n}-f_{2n+1}\end{aligned} \tag{3.1.36}$$

根据式（3.1.30），$\{f_n\}$是单调增序列，且有上界$f(\gamma^*,\eta^*)$，故$\{f_n\}$是收敛的。当$n\to\infty$时，$f_{2n}-f_{2n+1}\to 0$。引理3.1.2得证。

【引理3.1.3】　假设$\{\gamma^{(n_k)},\eta^{(n_k)}\}$是$\{\gamma^{(n)},\eta^{(n)}\}$的任意收敛子序列，当$n\to\infty$时$(\gamma^{(n_k)},\eta^{(n_k)})\to(\gamma',\eta')$，则

$$l(\gamma',\eta')=\max_{\gamma\in R}l(\gamma,\eta')=\max_{\eta\in R^N}l(\gamma',\eta) \tag{3.1.37}$$

证明：对于任意的$\eta\in R^N$，由算法可知

$$l(\gamma^{(n_k)},\eta^{(n_k)})\geqslant l(\gamma^{(n_k)},\eta) \tag{3.1.38}$$

因此式（3.1.38）两边取极限，有

$$\lim_{k\to\infty}l(\gamma^{(n_k)},\eta^{(n_k)})\geqslant\lim_{k\to\infty}l(\gamma^{(n_k)},\eta) \tag{3.1.39}$$

即对任意的$\eta \in R^N$，有

$$l(\gamma',\eta') \geqslant l(\gamma',\eta) \tag{3.1.40}$$

相似地，对于任意的$\gamma \in R$，有

$$l(\gamma',\eta') \geqslant l(\gamma,\eta') \tag{3.1.41}$$

引理 3.1.3 得证。

由假设条件知，对任意取定的$\gamma \in R$，$l(\gamma,\cdot)$是R^N严格凹函数。因此，我们建立一个从R到R^N的映射关系$\eta(\cdot)$，这个映射关系满足

$$l(\gamma',\eta(\gamma)) = \max_{\eta \in R^N} l(\gamma,\eta) \tag{3.1.42}$$

【引理 3.1.4】 由式（3.1.42）定义的映射$\eta(\cdot)$是R到R^N的连续映射。

证明：假设序列$\{\gamma^{(n)}\}$收敛到$\gamma_0 \in R$，并且令$\{\eta(\gamma^{(n_k)})\}$是$\{\eta(\gamma^{(n)})\}$的任意收敛子序列，$\eta_0 = \lim_{k\to\infty} \eta(\gamma^{(n_k)})$。根据$\eta(\cdot)$的定义，对于任意的$\eta \in R^N$，有

$$l(\gamma^{(n_k)},\eta(\gamma^{(n_k)})) \geqslant l(\gamma^{(n_k)},\eta) \tag{3.1.43}$$

根据$l(\gamma,\eta)$的连续性，当$k \to \infty$时，有

$$l(\gamma_0,\eta_0) \geqslant l(\gamma_0,\eta) \tag{3.1.44}$$

即$l(\gamma_0,\eta_0) = \max_{\eta \in R^N} l(\gamma_0,\eta)$或者$\eta_0 = \eta(\gamma_0)$。根据引理 3.1.1，有

$$\lim_{n\to\infty} \eta(\gamma^{(n)}) = \eta(\gamma_0) \tag{3.1.45}$$

引理 3.1.4 得证。

根据交替迭代算法得到的序列$\{\gamma^{(n)},\eta^{(n)}\}$与$\{\gamma^{(n)},\eta(\gamma^{(n)})\}$是相同的。根据引理 3.1.4，很容易得出推论 3.1.1。

【推论 3.1.1】 迭代序列$\{\gamma^{(n)},\eta^{(n)}\}$收敛的充要条件是$\{\gamma^{(n)}\}$收敛。

【引理 3.1.5】（Shi and Jiang，1998） 设$\{y_n\}$是R^k中一致有界序列。当$n \to \infty$时，$\| y_{n+1} - y_n \| \to \infty$，且$\{y_n\}$不收敛，则$\{y_n\}$有无穷多个聚点。特别地，当 k=1 时，令$\underline{y} = \underline{\lim}_{n\to\infty} y_n$，$\overline{y} = \overline{\lim}_{n\to\infty} y_n$，对于任意的$y' \in [\underline{y},\overline{y}]$，$y'$是$\{y_n\}$的聚点。

与$\eta(\cdot)$的定义类似，我们可以建立一个从R^N到R的连续映射$\gamma(\cdot)$，满足

$$l(\gamma(\eta),\eta) = \max_{\gamma \in R} l(\gamma,\eta) \tag{3.1.46}$$

根据两个连续映射$\gamma(\cdot)$和$\eta(\cdot)$，我们能够得到一个从R到R的连续复合映射$\gamma \circ \eta(\cdot)$。因此，序列$\{\gamma^{(n)}\}$可以通过$\gamma^{(n+1)} = \gamma \circ \eta(\gamma^{(n)}) = \gamma(\eta(\gamma^{(n)}))$这个迭代过程得到。

由于R是一个有界闭凸集，并且$\gamma \circ \eta(\cdot)$是从R到R的连续映射，根据不动点定理（Smart，1974），存在$\gamma_0 \in R$得$\gamma \circ \eta(\gamma_0) = \gamma_0$。

【引理 3.1.6】 迭代序列$\{\gamma^{(n)}\}$中的任意一个聚点是复合映射$\gamma \circ \eta(\cdot)$在R中的不动点。

证明：令 γ' 是迭代序列 $\{\gamma^{(n)}\}$ 的任意一个聚点，即存在一个子序列 $\{\gamma^{(n_k)}\}\subset\{\gamma^{(n)}\}$ 满足 $\lim_{k\to\infty}\gamma^{(n_k)}=\gamma'$。根据推论 3.1.1，$\{\eta(\gamma^{(n_k)})\}$ 收敛，即 $\eta^{(n_k)}$ 收敛，并且 $\lim_{k\to\infty}\eta^{(n_k)}=\lim_{k\to\infty}\eta(\gamma^{(n_k)})=\eta(\gamma')$。由引理 3.1.3，$l(\gamma',\eta(\gamma'))=\max_{\gamma\in R}l(\gamma,\eta(\gamma'))$ 或者 $\gamma'=\gamma\circ\eta(\gamma')$。引理 3.1.6 得证。

其实引理 3.1.2~引理 3.1.4 和引理 3.1.6 的证明的主要思想和 Shi 等（2008）的思想是相似的。基于上述引理和推论，我们来证明定理 3.1.1，该定理可参见 Yu 等（2011）的相关研究。

【定理 3.1.1】（Yu et al.，2011）　由交替迭代算法得到的点估计序列 $\{\gamma^{(n)},\eta^{(n)}\}$ 是收敛的，不妨假定分别收敛到 $\hat{\gamma}$, $\hat{\eta}$。

证明：根据推论 3.1.1，我们只需证明 $\{\gamma^{(n)}\}$ 是收敛的。用反证法，假设 $\{\gamma^{(n)}\}$ 不收敛。由引理 3.1.2 可知，当 $n\to\infty$ 时，$|\gamma^{(n+1)}-\gamma^{(n)}|\to 0$。令 $\underline{\gamma}=\underline{\lim}_{n\to\infty}\gamma^{(n)}$，$\overline{\gamma}=\overline{\lim}_{n\to\infty}\gamma^{(n)}$。如果 $\{\gamma^{(n)}\}$ 不收敛，则引理 3.1.5 的条件满足。因此 $\underline{\gamma}<\overline{\gamma}$，从而对于任意的 $\gamma'\in[\underline{\gamma},\overline{\gamma}]$，由引理 3.1.5 可知 γ' 是 $\{\gamma^{(n)}\}$ 的聚点。由引理 3.1.6 知，γ' 是复合映射 $\gamma\circ\eta(\cdot)$ 的不动点，即满足 $\gamma\circ\eta(\gamma')=\gamma'$。另外，对于任意的 $n\geqslant 1$，$\gamma^{(n)}$ 不是 $[\underline{\gamma},\overline{\gamma}]$ 中的元素。否则，存在 n_0 使得 $\gamma^{(n)}\in[\underline{\gamma},\overline{\gamma}]$。由引理 3.1.6 知，$\gamma^{(n_0)}=\gamma\circ\eta(\gamma^{(n_0)})=\gamma^{(n_0+1)}$，从而 $l(\gamma^{(n_0)},\eta^{(n_0)})=l(\gamma^{(n_0+1)},\eta^{(n_0)})$，与任意 $n\geqslant 1$，$l(\gamma^{(n_0)},\eta^{(n_0)})>l(\gamma^{(n_0+1)},\eta^{(n_0)})$ 矛盾。于是对于任意的 $\gamma'\in(\underline{\gamma},\overline{\gamma})$，存在 $\varepsilon_{\gamma'}>0$ 和 γ' 的邻域 $B(\gamma',\varepsilon_{\gamma'})=(\gamma'-\varepsilon_{\gamma'},\gamma'-\varepsilon_{\gamma'})$，使得 $B(\gamma',\varepsilon_{\gamma'})\cap\{\gamma^{(n)}\}$ 是空集，这又与 γ' 是 $\{\gamma^{(n)}\}$ 的聚点矛盾。因此假设不成立，即 $\{\gamma^{(n)}\}$ 是收敛的。定理 3.1.1 得证。

【注 3.1.1】 定理 3.1.1 仅考虑了 $l(\gamma^{(n)},\eta^{(n)})\leqslant l(\gamma^{(n+1)},\eta^{(n)})\leqslant l(\gamma^{(n+1)},\eta^{(n+1)})$ 这种情况。

【注 3.1.2】　如果存在一个正整数 n_0 使得 $l(\gamma^{(n_0)},\eta^{(n_0)})=l(\gamma^{(n_0+1)},\eta^{(n_0)})$ 或 $l(\gamma^{(n_0)},\eta^{(n_0-1)})=l(\gamma^{(n_0)},\eta^{(n_0)})$，则迭代序列 $\{\gamma^{(n)},\eta^{(n)}\}$ 收敛。

因为 $l(\gamma,\eta^{(n_0)})$ 是 R 上的严格凹函数，所以它的最大值点是唯一的，结果 $l(\gamma^{(n_0)},\eta^{(n_0)})=l(\gamma^{(n_0+1)},\eta^{(n_0)})=\max_{\gamma\in R}l(\gamma,\eta^{(n_0)})$。很明显，$\gamma^{(n_0+1)}=\gamma^{(n_0)}\Rightarrow\eta^{(n_0+1)}=\eta^{(n_0)}\Rightarrow\gamma^{(n_0+2)}=\gamma^{(n_0+1)}\Rightarrow\cdots$，即对任意的 $n\geqslant n_0$，由上面的序列可知 $(\gamma^{(n)},\eta^{(n)})=(\gamma^{(n_0)},\eta^{(n_0)})$。因此，交替迭代序列 $\{\gamma^{(n)},\eta^{(n)}\}$ 收敛。

【定义 3.1.2】　由于迭代序列 $\{\gamma^{(n)}\}$ 和 $\{\eta^{(n)}\}$ 是交替迭代得到的，估计量 $\hat{\gamma}$ 和 $\hat{\eta}$ 也称 AIMLE 量。

【注 3.1.3】　其实由交替迭代算法得到的 AIMLE 就是求 MLE 的一个非常有效的数值迭代方法，这一方法在计量经济学中早就被一些学者采用了，最有代表的是 Sargan（1964）提出的交替迭代算法，但是他没有给出算法收敛的严格证明。

轮廓对数似然函数（profile log-likelihood function）$l(\gamma,\hat{\eta})$ 不是真的似然函数。例如，轮廓得分统计量 $\partial l(\gamma,\hat{\eta})/\partial\gamma$ 与通常的得分统计量的矩性质是不同的，如 $E_{\gamma}\left\{\dfrac{\partial l(\gamma,\hat{\eta})}{\partial\gamma}\right\}\neq 0$，也就是说通过使用轮廓对数似然函数 $l(\gamma,\hat{\eta})$ 得到的估计方程是有偏的。将 $\dfrac{\partial l(\gamma,\hat{\eta})}{\partial\gamma}$ 在 γ^* 处展开，其中，γ^* 不是真值 γ，称为伪真值（pseudo true value）。对于 AIMLE 量 $\hat{\gamma}$，有

$$H_N\sqrt{N}(\hat{\gamma}-\gamma^*)=-\frac{1}{\sqrt{N}}\frac{\partial l(\gamma,\hat{\eta})}{\partial\gamma}\bigg|_{\gamma=\gamma^*}+O_p\left(\frac{1}{\sqrt{N}}\right) \tag{3.1.47}$$

如果 $\hat{\eta}$ 给定，则 $\gamma^*=g(\gamma)$ 包含在方程（3.1.48）中：

$$E_{\gamma}\left\{\frac{\partial l(\gamma,\hat{\eta})}{\partial\gamma}\bigg|_{\gamma=\gamma^*}\right\}=0 \tag{3.1.48}$$

另外

$$H_N=\frac{1}{N}\frac{\partial^2 l(\gamma,\hat{\eta})}{\partial\gamma^2}\bigg|_{\gamma=\gamma^*} \tag{3.1.49}$$

将中心极限定理应用到 $\dfrac{\partial l(\gamma,\hat{\eta})}{\partial\gamma}$ 上，根据式（3.1.48），有

$$\frac{1}{\sqrt{N}}\frac{\partial l(\gamma,\hat{\eta})}{\partial\gamma}\bigg|_{\gamma=\gamma^*}\xrightarrow{d}N(0,V_N) \tag{3.1.50}$$

其中

$$V_N=\frac{1}{N}E_{\gamma}\left\{\left(\frac{\partial l(\gamma,\hat{\eta})}{\partial\gamma}\bigg|_{\gamma=\gamma^*}\right)^2\right\} \tag{3.1.51}$$

最后，根据式（3.1.47）和式（3.1.50），有定理 3.1.2。

【定理 3.1.2】　当 $N\to\infty$ 时，

$$\sqrt{N}(\hat{\gamma}_{\text{AIMLE}}-\gamma^*)\xrightarrow{d}N(0,\varLambda) \tag{3.1.52}$$

其中

$$\varLambda=V_N/H_N^2$$

从式（3.1.52）可以看出，AIMLE 量是有偏估计量。

我们提出的偏倚校正方法不是调整有偏估计方程使之无偏，而是使用 Kuk（1995）提出的迭代 bootstrap 偏倚校正方法去调整 AIMLE 量 $\hat{\gamma}_{\text{AIMLE}}$，使得调整后的估计量是渐近无偏的和相合的。$\hat{\gamma}_{\text{AIMLE}}$ 有一个渐近偏倚

$$b(\gamma)=\gamma^*-\gamma=g(\gamma)-\gamma \tag{3.1.53}$$

令 $b^{(0)}$ 是 AIMLE 量 $\hat{\gamma}_{\text{AIMLE}}$ 的偏倚的初估计。$\hat{\gamma}_{\text{AIMLE}}$ 的第 k+1 步更新的偏倚的估计可以写为

$$b^{(k+1)} = g(\hat{\gamma}_{\text{AIMLE}} - b^{(k)}) - (\hat{\gamma}_{\text{AIMLE}} - b^{(k)}) \tag{3.1.54}$$

γ 的第 k+1 步更新可以表示为

$$\tilde{\gamma}_{\text{BCE}}^{(k+1)} = \hat{\gamma}_{\text{AIMLE}} - b^{(k+1)} \tag{3.1.55}$$

假设 $b^{(k)}$ 存在极限，在方程（3.1.54）中，令 $k \to \infty$，有

$$b = g(\tilde{\gamma}_{\text{BCE}}) - (\hat{\gamma}_{\text{AIMLE}} - b) \tag{3.1.56}$$

也就是说

$$\tilde{\gamma}_{\text{BCE}} = g^{-1}(\hat{\gamma}_{\text{AIMLE}}) \tag{3.1.57}$$

假设 $g(\cdot)$ 是一对一的，并且是可微的，根据式（3.1.52）和 Slutsky 定理，有定理 3.1.3。

【定理 3.1.3】　当 $N \to \infty$ 时，

$$\sqrt{N}(\tilde{\gamma}_{\text{BCE}} - \gamma) \xrightarrow{d} N(0, \Lambda D^2) \tag{3.1.58}$$

其中，$D = \left.\dfrac{\mathrm{d}g^{-1}(\gamma)}{\mathrm{d}\gamma}\right|_{\gamma=\gamma^*}$。

因此，由式（3.1.57）定义的估计量 $\tilde{\gamma}_{\text{BCE}}$ 是渐近无偏的和相合的。在求 $\hat{\gamma}_{\text{AIMLE}}$ 过程中，方程（3.1.54）和方程（3.1.55）是问题的核心。另外，由于函数 $\gamma^* = g(\gamma)$ 没有精确的表达式，这个函数是一个非常复杂的积分方程。就是由于函数 $g(\cdot)$ 具有复杂性，迭代偏倚校正方法的实现变得非常困难。从式（3.1.52）可以看出，$g(\gamma) = \gamma^*$ 是 $\hat{\gamma}_{\text{AIMLE}}$ 的渐近均值，所以我们使用 $g_M(\gamma)$ 去逼近 $g(\gamma)$，其中 $g_M(\gamma)$ 由基于模拟样本得到 $\hat{\gamma}_{\text{AIMLE}}$ 后再取平均得到：

$$g_M(\gamma) = \frac{1}{M}\sum_{i=1}^{M} \hat{\gamma}_{\text{AIMLE}}(y_i) \tag{3.1.59}$$

其中，$y_1, y_2, \cdots, y_M$ 是在模型中参数为 $\gamma, \hat{\eta}(\gamma), \hat{\sigma}^2(\gamma)$ 时模拟出来的，另外

$$\hat{\sigma}^2(\gamma) = \sum_{i=1}^{N}\sum_{i=1}^{T}(y_{it} - \gamma y_{it-1} - \hat{\eta}_i(\gamma))^2 \big/ (NT) \tag{3.1.60}$$

将式（3.1.54）和式（3.1.55）中的函数 $g(\cdot)$ 替换为 $g_M(\cdot)$，则

$$b_M^{(k+1)} = g_M(\hat{\gamma}_{\text{AIMLE}} - b_M^k) - (\hat{\gamma}_{\text{AIMLE}} - b_M^k) \tag{3.1.61}$$

作为第 k+1 步 $\hat{\gamma}_{\text{AIMLE}}$ 的偏倚的 bootstrap 估计，另外，

$$\tilde{\gamma}_{\text{BCE}}^{(k+1)} = \hat{\gamma}_{\text{AIMLE}} - b_M^{(k+1)} \tag{3.1.62}$$

作为 γ 的更新的 bootstrap 迭代偏倚校正估计量。

下面我们将做 Monte Carlo 模拟研究来说明我们提出的偏倚校正估计量 $\tilde{\gamma}_{\text{BCE}}$ 的有效性，并且与 Hahn 和 Kuersteiner（2002）提出的偏倚校正估计量 $\hat{\gamma}_{\text{Hahn}}$ 进行

比较，模拟结果见表 3.1。该模拟基于动态面板数据模型

$$y_{it} = \gamma y_{it-1} + \eta_i + \varepsilon_{it} \tag{3.1.63}$$

其中，$y_{it} \in R$；$\gamma \in \{0.0, 0.3, 0.6, 0.9\}$；$\eta_i \sim N(0,1)$，并且关于个体 i 独立；$\varepsilon_{it} \sim N(0,1)$，并且关于个体 i 和时间 t 独立。我们产生 η_i 和 ε_{it}，使得它们相互独立。

表 3.1　时间 T 不同值时 γ 各种估计值（N =100）

估计值		T	均值	中位数	SD	Bias	MAE
γ =0	$\hat{\gamma}_{\text{MLE}}$	5	−0.197	−0.196	0.045	−0.196	0.196
		10	−0.101	−0.104	0.030	−0.104	0.104
		20	−0.051	−0.053	0.022	−0.051	0.051
	$\hat{\gamma}_{\text{AIMLE}}$	5	−0.195	−0.195	0.045	−0.195	0.195
		10	−0.100	−0.103	0.030	−0.103	0.103
		20	−0.051	−0.050	0.022	−0.050	0.050
	$\tilde{\gamma}_{\text{BCE}}$	5	−0.024	−0.023	0.058	−0.023	0.048
		10	−0.004	−0.006	0.034	−0.006	0.024
		20	−0.002	−0.003	0.024	−0.003	0.018
	$\hat{\gamma}_{\text{Hahn}}$	5	−0.035	−0.034	0.054	−0.034	0.042
		10	−0.010	−0.013	0.033	−0.013	0.023
		20	−0.003	−0.003	0.023	−0.003	0.017
γ =0.3	$\hat{\gamma}_{\text{MLE}}$	5	0.025	0.025	0.048	−0.274	0.274
		10	0.164	0.166	0.027	−0.133	0.133
		20	0.232	0.233	0.021	−0.066	0.066
	$\hat{\gamma}_{\text{AIMLE}}$	5	0.027	0.028	0.047	−0.271	0.271
		10	0.162	0.164	0.027	−0.135	0.135
		20	0.230	0.231	0.021	−0.068	0.068
	$\tilde{\gamma}_{\text{BCE}}$	5	0.234	0.238	0.058	−0.061	0.062
		10	0.288	0.288	0.033	−0.011	0.027
		20	0.293	0.292	0.023	−0.007	0.014
	$\hat{\gamma}_{\text{Hahn}}$	5	0.233	0.234	0.056	−0.065	0.066
		10	0.278	0.281	0.030	−0.018	0.023
		20	0.292	0.293	0.022	−0.066	0.014
γ =0.6	$\hat{\gamma}_{\text{MLE}}$	5	0.234	0.234	0.052	−0.365	0.365
		10	0.420	0.422	0.030	−0.177	0.177
		20	0.513	0.511	0.019	−0.088	0.088
	$\hat{\gamma}_{\text{AIMLE}}$	5	0.225	0.225	0.053	−0.374	0.374
		10	0.414	0.416	0.031	−0.183	0.183
		20	0.508	0.505	0.019	−0.094	0.094
	$\tilde{\gamma}_{\text{BCE}}$	5	0.418	0.417	0.059	−0.182	0.182
		10	0.551	0.551	0.034	−0.048	0.048
		20	0.582	0.579	0.022	−0.020	0.023

续表

估计值		T	均值	中位数	SD	Bias	MAE
γ =0.6	$\hat{\gamma}_{\text{Hahn}}$	5	0.470	0.471	0.063	−0.128	0.128
		10	0.556	0.558	0.034	−0.041	0.041
		20	0.583	0.581	0.020	−0.018	0.020
γ =0.9	$\hat{\gamma}_{\text{MLE}}$	5	0.443	0.440	0.045	−0.459	0.459
		10	0.657	0.655	0.029	−0.244	0.244
		20	0.776	0.777	0.016	−0.122	0.122
	$\hat{\gamma}_{\text{AIMLE}}$	5	0.310	0.303	0.055	−0.596	0.596
		10	0.585	0.586	0.034	−0.313	0.313
		20	0.733	0.733	0.017	−0.166	0.166
	$\tilde{\gamma}_{\text{BCE}}$	5	0.346	0.343	0.065	−0.556	0.556
		10	0.618	0.622	0.041	−0.277	0.277
		20	0.753	0.752	0.021	−0.147	0.147
	$\hat{\gamma}_{\text{Hahn}}$	5	0.572	0.564	0.066	−0.335	0.335
		10	0.743	0.745	0.037	−0.154	0.154
		20	0.820	0.819	0.018	−0.080	0.080

与 Hahn 和 Kuersteiner（2002）的研究一样，假定最初观测值 y_{i0} 产生于正态分布 $N\left(\dfrac{\eta_i}{1-\gamma},\dfrac{1}{1-\gamma^2}\right)$。对于每个模拟样本，我们报告了 $\hat{\gamma}_{\text{MLE}}$、$\hat{\gamma}_{\text{AIMLE}}$、$\tilde{\gamma}_{\text{BCE}}$ 和 $\hat{\gamma}_{\text{Hahn}}$ 的均值（mean）、中位数（median）、标准差（standard deviation，SD）、中位数偏倚（median bias，Bias）和中位数绝对误差（median absolute error，MAE）。对于每个参数设计，针对不同的时间 T 做 100 次模拟。根据式（3.1.5）计算 $\hat{\gamma}_{\text{MLE}}$。使用交替迭代算法获得 $\hat{\gamma}_{\text{AIMLE}}$。MLE 和 AIMLE 都是有偏估计。当 $|\gamma^{(n+1)}-\gamma^{(n)}|\leqslant 10^{-3}$ 时，我们停止交替迭代算法。基于 $\hat{\gamma}_{\text{AIMLE}}$，同时使用式（3.1.61）和式（3.1.62），得到 $\tilde{\gamma}_{\text{BCE}}$，初始值取 $b^{(0)}=0$，从而 $\tilde{\gamma}_{\text{BCE}}^{(0)}=\hat{\gamma}_{\text{AIMLE}}$。为了简化计算，令 M =10。表 3.1 报告了 T =5、10 和 20 的结果（仅考虑 N =100）。而 $\hat{\gamma}_{\text{Hahn}}$ 是基于式（3.1.25）调整 AIMLE 量得到的。四个估计量通过 100 次 Monte Carlo 模拟得到的有限样本性质列在表 3.1 中。

通过表 3.1 可以看到，$\tilde{\gamma}_{\text{BCE}}$ 在 Bias 和 MAE 方面明显比 $\hat{\gamma}_{\text{AIMLE}}$ 要好，我们提出的偏倚校正估计量是非常有效的。我们一共模拟了 4 个参数值 $\gamma=0, 0.3, 0.6, 0.9$。在 $\gamma=0, 0.3, 0.6$ 时，$\tilde{\gamma}_{\text{BCE}}$ 和 $\hat{\gamma}_{\text{Hahn}}$ 的模拟效果相当。随着 γ 增大，偏倚增大，这一点可以从表 3.1 中的具体数据看出。尤其是在 $\gamma=0.9$ 时，$\tilde{\gamma}_{\text{BCE}}$ 的偏倚很大，模拟效果没有 $\hat{\gamma}_{\text{Hahn}}$ 好。因此当取 γ =1 时，$\tilde{\gamma}_{\text{BCE}}$ 和 $\hat{\gamma}_{\text{Hahn}}$ 的偏倚都会很大。Han 和 Phillips（2010）使用 GMM 方法研究了单位根条件下的估计问题。

从表 3.1 也可以看出，$\hat{\gamma}_{\text{MLE}}$ 和 $\hat{\gamma}_{\text{AIMLE}}$ 模拟结果非常相似，这也说明使用交替

迭代算法可以求得 MLE，该算法的好处是不要求 MLE 的显示表达，是一个求 MLE 的非常好用的数值方法，将在第 4 章再次使用。

3.2　随机效应模型

本节考虑如下随机效应模型：

$$y_{it}=\gamma y_{it-1}+\beta' x_{it}+\eta_i+\varepsilon_{it},\ i=1,\cdots,N;\ \ t=1,\cdots,T \tag{3.2.1}$$

其中，x_{it} 是由解释变量构成的 $K\times 1$ 向量，可以包括常数项；β 是由感兴趣参数构成的向量；假定 η_i 是随机变量，均值是 0，方差是 σ_η^2；ε_{it} 是均值为 0、方差为 σ_ε^2 的独立同分布随机变量。此外，假定初值 y_{i0} 是可观测的。我们还需要进一步假设：

$$\begin{aligned}&E(\eta_i\eta_j)=0,\ \ i\neq j\\&E(\varepsilon_{it}\eta_j)=0,\ \ \text{对于所有的}\, i,j,t\\&E(x_{it}\varepsilon_{js})=0,\ \ \text{对于所有的}\, i,j,t,s\end{aligned} \tag{3.2.2}$$

对于动态面板数据模型，由于滞后变量 y_{it-1} 和随机效应 η_i 是相关的，最小二乘估计是有偏的。为了说明最小二乘估计量的偏倚，我们考虑简单的模型，即式（3.2.1）中不包括严格局外变量 x_{it}。因此，γ 的最小二乘估计量是

$$\hat{\gamma}_{\text{OLS}}=\frac{\sum_{i=1}^{N}\sum_{t=1}^{T}y_{it}y_{it-1}}{\sum_{i=1}^{N}\sum_{t=1}^{T}y_{it-1}^2}=\gamma+\frac{\sum_{i=1}^{N}\sum_{t=1}^{T}(\eta_i+\varepsilon_{it})y_{it-1}}{\sum_{i=1}^{N}\sum_{t=1}^{T}y_{it-1}^2} \tag{3.2.3}$$

最小二乘估计量的渐近偏倚是式（3.2.3）第二个等号右边第二项的概率极限，偏倚的具体讨论可参见 Hsiao（2003）的相关研究。

如果 η_i 和 ε_{it} 服从正态分布，则我们可以使用 MLE。在 y_{i0} 条件下，有对数似然函数

$$\begin{aligned}\ln L=&-\frac{NT}{2}\ln(2\pi)-\frac{N}{2}\ln|V|\\&-\frac{1}{2}\sum_{i=1}^{N}u_i'V^{-1}u_i\end{aligned} \tag{3.2.4}$$

其中

$$u_i'=(y_{i1}-\gamma y_{i0}-\beta' x_{i1},\cdots,y_{iT}-\gamma y_{iT-1}-\beta' x_{iT})$$
$$V=\sigma_\varepsilon^2 I_T+\sigma_\eta^2 ee'$$

最初的观测值是固定的条件似然函数是 Balestra 和 Nerlove（1966）提出的。这种情况下的主要好处是容易计算。但是这个 MLE 是不相合的，具体可参见 Trognon（1978）的相关研究。如果最初的观测值 y_{i0} 有密度函数，即似然函数是非条件的，则估计是相合的，参见 Bhargava 和 Sargan（1983）的相关研究。MLE 应用到动态误差元模型的详细讨论可以参见 Nerlove（2002）的相关研究。

当个体 N 较大、时间 T 较小时，错误地选择初值条件可能会导致估计是不相合的。下面我们将简单地介绍 IV 法。IV 法和 GMM 方法对于固定效应模型与随机效应模型都是适用的，这一点在研究固定效应模型的参数估计问题时已经研究过。为了使用 IV 法，我们首先对式（3.2.1）进行差分，有

$$y_{it}-y_{it-1}=\gamma(y_{it-1}-y_{it-2})+\beta'(x_{it}-x_{it-1})+(\varepsilon_{it}-\varepsilon_{it-1}),\ t=2,\cdots,T \tag{3.2.5}$$

y_{it-2} 或者 $y_{it-2}-y_{it-3}$ 是与 $y_{it-1}-y_{it-2}$ 相关的，但是和 $\varepsilon_{it}-\varepsilon_{it-1}$ 是不相关的。因此，y_{it-2} 或者 $y_{it-2}-y_{it-3}$ 可以作为 $y_{it-1}-y_{it-2}$ 的 IV。使用 IV 法估计 γ 和 β。如果以 y_{it-2} 作为 IV，有

$$\begin{pmatrix}\hat{\gamma}_{\mathrm{IV}}\\ \hat{\beta}_{\mathrm{IV}}\end{pmatrix}=\left[\sum_{i=1}^{N}\sum_{t=2}^{T}\begin{pmatrix}y_{it-2}(y_{it-1}-y_{it-2}) & y_{it-2}(x_{it}-x_{it-1})\\ (x_{it}-x_{it-1})y_{it-2} & (x_{it}-x_{it-1})(x_{it}-x_{it-1})'\end{pmatrix}\right]^{-1}\times\left[\sum_{i=1}^{N}\sum_{t=2}^{T}\begin{pmatrix}y_{it-2}\\ x_{it}-x_{it-1}\end{pmatrix}(y_{it}-y_{it-1})\right] \tag{3.2.6}$$

如果以 $y_{it-2}-y_{it-3}$ 作为 IV，有

$$\begin{pmatrix}\hat{\gamma}_{\mathrm{IV}}\\ \hat{\beta}_{\mathrm{IV}}\end{pmatrix}=\left[\sum_{i=1}^{N}\sum_{t=3}^{T}\begin{pmatrix}(y_{it-2}-y_{it-3})(y_{it-1}-y_{it-2}) & (y_{it-2}-y_{it-3})(x_{it}-x_{it-1})\\ (x_{it}-x_{it-1})(y_{it-2}-y_{it-3}) & (x_{it}-x_{it-1})(x_{it}-x_{it-1})'\end{pmatrix}\right]^{-1}\times\left[\sum_{i=1}^{N}\sum_{t=2}^{T}\begin{pmatrix}y_{it-2}-y_{it-3}\\ x_{it}-x_{it-1}\end{pmatrix}(y_{it}-y_{it-1})\right] \tag{3.2.7}$$

y_{it-2} 或者 $y_{it-2}-y_{it-3}$ 的有效性比较可以参见 Anderson 和 Hsiao（1981）的相关研究。当 $N\to\infty$ 或者 $T\to\infty$ 或者 $N,T\to\infty$ 时，$\hat{\gamma}_{\mathrm{IV}}$ 和 $\hat{\beta}_{\mathrm{IV}}$ 都是相合的。有关 σ_{ε}^2 和 σ_{η}^2 的估计可以参见 Hsiao（2003）的相关研究。

当然除了上述估计方法，Everaert 和 Pozzi（2007）针对随机效应的动态面板数据模型，提出了迭代 bootstrap 偏倚校正方法去调整有偏的 LSDV 估计量。该方法的思想是首先从有偏的 LSDV 估计量开始，然后在整个参数空间进行搜索，直到获得无偏估计。模拟结果表明，当面板中的时间 T 较小或适中时，该方法还是很有效的。

第 4 章　二元面板数据模型及其统计推断

在许多经济分析中，被解释变量是离散的，如投资选择、品牌选择、某人失业、购买决定、妇女就业、学校选择等。这种被解释变量通常用一个二元选择变量 y_{it} 来表示，即 y_{it} 可能取 1 或 0。对于第 i 个个体如果在 t 时刻事件发生，则 $y_{it}=1$；否则，$y_{it}=0$。简单的二元面板数据模型如下：

$$y_{it}=I(y_{it}^{*}\geqslant 0),\ i=1,\cdots,N;t=1,\cdots,T$$

其中，$I(\cdot)$ 是示性函数，即当 $\cdot$ 为真时取 1，否则取 0，并且不可观测的潜在相依变量 y_{it}^{*} 有如下形式：

$$y_{it}^{*}=x_{it}'\beta+\eta_i+\varepsilon_{it}$$

其中，β 是参数向量；x_{it} 是可观测的随机向量；η_i 是个体效应；ε_{it} 是不可观测的变量。假定个体 i 之间是相互独立的，我们关心的是估计参数 β 。

例如，如果向一名工人所支付的工资超过了他不可观测的保留工资，那么他将接受这份工作。这个例子就可以用上面介绍的二元面板数据模型来说明。我们知道第 i 个个体在 t 时刻发生的概率为

$$\Pr(y_{it}=1)=\Pr(y_{it}^{*}\geqslant 0)=\Pr(v_{it}\geqslant -x_{it}'\beta-\eta_i)=F(x_{it}'\beta+\eta_i)$$

其中，$F(\cdot)$ 为 ε_{it} 的分布函数，并且当 ε_{it} 的密度函数关于 0 对称时，上面的最后一个等式才成立。如果 ε_{it} 的分布函数是正态的累积分布函数，即

$$\varPhi(x)=\int_{-\infty}^{x}\frac{1}{\sqrt{2\pi}}\mathrm{e}^{-\frac{u^2}{2}}\mathrm{d}u$$

有

$$
\begin{aligned}
\Pr(y_{it}=1\,|\,x_{it}) &= \int_{-x_{it}'\beta-\eta_i}^{\infty}\frac{1}{\sqrt{2\pi}}\mathrm{e}^{-\frac{\varepsilon^2}{2}}\mathrm{d}\varepsilon \\
&= \int_{-\infty}^{x_{it}'\beta+\eta_i}\frac{1}{\sqrt{2\pi}}\mathrm{e}^{-\frac{\varepsilon^2}{2}}\mathrm{d}\varepsilon \\
&= \Phi(x_{it}'\beta+\eta_i)
\end{aligned}
$$

则称上面的二元面板数据模型为 Probit 模型。如果 ε_{it} 的分布函数是 Logistic 的累积分布函数，均值为 0，方差为 $\frac{\pi^2}{3}$，即

$$
\Lambda(x)=\frac{\mathrm{e}^x}{1+\mathrm{e}^x}
$$

有

$$
\begin{aligned}
\Pr(y_{it}=1\,|\,x_{it}) &= \int_{-x_{it}'\beta-\eta_i}^{\infty}\frac{\exp(\varepsilon)}{(1+\exp(\varepsilon))^2}\mathrm{d}\varepsilon \\
&= \frac{\exp(x_{it}'\beta+\eta_i)}{1+\exp(x_{it}'\beta+\eta_i)} \\
&= \Lambda(x_{it}'\beta+\eta_i)
\end{aligned}
$$

则称上面的二元面板数据模型为 Logit 模型。二元面板数据模型是非线性面板数据模型，其参数估计方法与线性面板数据模型的参数估计方法有所不同。

固定效应的动态二元面板数据模型的参数估计问题是理论计量经济学研究的一个热点问题。本章首先介绍静态二元面板数据模型及其参数估计问题，然后介绍固定效应的动态二元面板数据模型及其参数估计问题，参数估计的方法有条件方法、半参数方法、MMLE 方法、迭代 bootstrap 偏倚校正方法。

4.1　二元面板数据模型中固定效应检验问题

4.1.1　拉格朗日乘子检验

二元面板数据模型

$$
y_{it}=I(x_{it}'\beta+\eta_i+\varepsilon_{it}\geqslant 0),\ i=1,\cdots,N;t=1,\cdots,T \tag{4.1.1}
$$

是一类非常重要的非线性面板数据模型，其参数估计问题主要集中在感兴趣参数 β 。根据 Baltagi（1995）的研究，模型（4.1.1）中检验固定效应

$$
H_0:\eta_i=0,\ i=1,\cdots,N \tag{4.1.2}
$$

是非常重要的。如果 H_0 不被拒绝，则模型（4.1.1）的估计问题非常简单，直接

使用通常的 Probit 或 Logit 程序即可。但是，如果 H_0 被拒绝，则在使用 MLE 时会遇到伴随参数问题，导致参数 β 的估计是不相合的。Chamberlain（1980）针对 Logit 模型提出了一个条件 MLE，这个 MLE 是相合的，并且算法简单，但是该方法对 Probit 模型是不适用的。二元面板数据模型的参数估计问题主要集中在个体效应 η_i 为固定效应时。因此，本章首先介绍检验问题（4.1.2），然后介绍静态二元面板数据模型和动态二元面板数据模型的参数估计问题。

对于二元面板数据模型的检验问题（4.1.2），Baltagi（1995）在 *Econometric Theory* 中提出了一个公开问题，即如何提出一个检验统计量来检验问题（4.1.2）。Gurmu（1996）针对这一公开问题提出了一个检验统计量 LM，但是没有做数值模拟。Yu 等（2015）针对这一公开问题基于矩条件的方法提出了一个检验统计量，并与 Gurmu 提出的检验统计量 LM 做了数值模拟比较。下面首先介绍 Gurmu（1996）提出的拉格朗日乘子（Lagrange multiplier，LM）检验。

模型（4.1.1）的对数似然方程为

$$l(\theta)=\sum_{i=1}^{N}\sum_{i=1}^{T}[y_{it}\ln F(x_{it}'\beta+\eta_i)+(1-y_{it})\ln(1-F(x'\beta_{it}+\eta_i))] \tag{4.1.3}$$

其中，$\theta=(\beta',\eta')'$；$\eta=(\eta_1,\cdots,\eta_N)'$。

令 $\sigma_{it}^2=F(x_{it}'\beta)(1-F(x_{it}'\beta))$，$e_{it}=y_{it}-F(x_{it}'\beta)$，并且 $f(\eta)$ 表示为 $F(\eta)$ 的一阶导数。在 $H_0:\eta_i=0$ 条件下，得到

$$\left.\frac{\partial l(\theta)}{\partial\beta}\right|_{H_0}=\sum_{i=1}^{N}\sum_{t=1}^{T}\sigma_{it}^{-2}f(x_{it}'\beta)e_{it}x_{it} \tag{4.1.4}$$

$$\left.\frac{\partial l(\theta)}{\partial\eta_i}\right|_{H_0}=\sum_{t=1}^{T}\sigma_{it}^{-2}f(x_{it}'\beta)e_{it},\quad i=1,\cdots,N \tag{4.1.5}$$

使用式（4.1.4）和式（4.1.5），在 $H_0:\eta_i=0$ 条件下，可以得到如下的信息矩阵：

$$I(\beta,\eta_i)=\begin{pmatrix}\sum_{i=1}^{N}\sum_{t=1}^{T}\sigma_{it}^{-2}(f(x_{it}'\beta))^2x_{it}x_{it}' & \sum_{t=1}^{T}\sigma_{it}^{-2}(f(x_{it}'\beta))^2x_{it}\\ 0 & \sum_{t=1}^{T}\sigma_{it}^{-2}(f(x_{it}'\beta))^2\end{pmatrix} \tag{4.1.6}$$

令 $D=I_N\otimes d_T,Z=(X,D)$，I 是 $N\times N$ 的单位矩阵，d_T 是所有元素都是 1 的 T 维列向量，X 是由解释变量构成的矩阵，e 是 $NT\times1$ 的向量，分量为 e_{it}。类似地，令 V^{-1} 和 Ω^{-1} 是 $NT\times NT$ 的对角矩阵，主对角元素分别为 $\hat{\sigma}_{it}^{-2}$ 和 $\hat{\sigma}_{it}^{-2}f(x_{it}'\hat{\beta})^2$。基于上述的讨论，我们可以得到LM检验：

$$\text{LM}=g(\hat{\beta})'\,G(\hat{\beta})\,[G(\hat{\beta})'\,G(\hat{\beta})]^{-1}\,G(\hat{\beta})'\,g(\hat{\beta}) \tag{4.1.7}$$

其中，$g(\hat{\beta})=V^{-1/2}\hat{e}$，$G(\hat{\beta})=\Omega^{-1/2}Z$。在 H_0 下，$\text{LM}\sim\chi^2(N)$。这个 LM 检验与

Davidson 和 MacKinnon（1984）相似。对于 Logit 模型，$F(x_{it}'\hat{\beta})=[1+\exp(-x_{it}'\hat{\beta})]^{-1}$ $\equiv \Lambda(x_{it}'\hat{\beta})$，$V^{-1/2}$ 的主对角元为 $[\Lambda(x_{it}'\hat{\beta})\ \Lambda(-x_{it}'\hat{\beta})]^{-1/2}$，$\Omega^{-1/2}$ 的主对角元为 $[\Lambda(x_{it}'\hat{\beta})$ $\Lambda(-x_{it}'\hat{\beta})]^{1/2}$。对于 Probit 模型，$V^{-1/2}$ 的主对角元为 $[\Phi(x_{it}'\hat{\beta})\ \Phi(-x_{it}'\hat{\beta})]^{-1/2}$，$\Omega^{-1/2}$ 的主对角元为 $\phi(x'\hat{\beta})\ [\Phi(x_{it}'\hat{\beta})\ \Phi(-x_{it}'\hat{\beta})]^{-1/2}$。有关 LM 检验的详细讨论可以参见 Gurmu（1996）的相关研究。

4.1.2　基于矩条件的检验

Yu 等（2015）基于矩条件的检验方法与 Mora 和 Moro-Egido（2008）提出的方法类似。假定独立同分布序列 $(y_{it},x_{it}')'$ 是可观测的，其中，$i=1,\cdots,N,\ t=1,\cdots,T$。符号说明如下：

$$\begin{aligned} p_{1,it}(\theta) &\equiv \Pr(y_{it}=1\,|\,x_{it}')=F(x_{it}'\beta+\eta_i) \\ p_{0,it}(\theta) &\equiv \Pr(y_{it}=0\,|\,x_{it}')=1-p_{1,it}(\theta) \\ p_{it}(\theta) &\equiv [p_{1,it}(\theta)]^{y_{it}}\times[p_{0,it}(\theta)]^{1-y_{it}} \end{aligned} \tag{4.1.8}$$

其中，$\theta=(\beta',\eta')'$ 和 $\eta=(\eta_1,\cdots,\eta_N)'$。$\theta$ 的 MLE $\hat{\theta}=(\hat{\beta}',\hat{\eta}')'$ 是使得似然函数 $l(\theta)=\sum_{i=1}^{N}\sum_{t=1}^{T}\ln p_{it}$ 达到最大的值。定义 $m_{it}(\theta)\equiv y_{it}-F(x_{it}'\beta+\eta_i)$。对于模型（4.1.1），有 $Em_{it}(\theta)=0$。为了得到检验统计量，我们考虑随机变量 $\sum_{i=1}^{N}\sum_{t=1}^{T}m_{it}(\hat{\theta})$，其中 $\hat{\theta}=(\hat{\beta}',0')'$ 是 $\theta_0=(\beta',0')'$ 的 MLE，并且 $\hat{\beta}$ 是在 $H_0:\eta_i=0,i=1,\cdots,N$ 约束条件下 β 的 MLE。

【定理 4.1.1】　考虑模型（4.1.1），假定下面的条件成立。

（1）在真值 θ_0 的邻域内，$\partial\ln p_{it}/\partial\theta,\partial^2\ln p_{it}/\partial\theta^2,\partial^3\ln p_{it}/\partial\theta^3$ 存在。

（2）在真值 θ_0 的邻域内，$|\partial^3\ln p_{it}/\partial\theta^3|\leqslant H(x),\ EH(x)<\infty$。

（3）在真值 θ_0 处，$E_{\theta_0}[\partial\ln p_{it}/\partial\theta]=0,\ E_{\theta_0}[p_{it}''/p_{it}]=0$

$$I(\theta_0)=\mathrm{Var}_{\theta_0}[\partial\ln p_{it}/\partial\theta]>0$$

在 $H_0:\eta_i=0,i=1,\cdots,N$ 条件下，当 $N,T\to\infty$ 时，检验统计量

$$C_{NT}^{M}=\frac{1}{NT}\left[\sum_{i=1}^{N}\sum_{t=1}^{T}m_{it}(\hat{\theta})\right]^2\Big/\hat{V} \tag{4.1.9}$$

收敛到自由度为 1 的卡方分布 $\chi^2(1)$，其中

$$\hat{V}=\frac{1}{NT}\left\{\sum_{i=1}^{N}\sum_{t=1}^{T}m_{it}^2(\hat{\theta})-\left[\sum_{i=1}^{N}\sum_{t=1}^{T}m_{it}(\hat{\theta})g_{it}(\hat{\theta})\right]^2\Big/\sum_{i=1}^{N}\sum_{t=1}^{T}g_{it}^2(\hat{\theta})\right\} \tag{4.1.10}$$

证明：对$\sum_{i=1}^{N}\sum_{t=1}^{T}m_{it}(\hat{\theta})$进行 1 阶泰勒展开，其中$\hat{\theta}$是在$H_0:\eta_i=0,i=1,\cdots,N$下的 MLE，有

$$(NT)^{-1/2}\sum_{i=1}^{N}\sum_{t=1}^{T}m_{it}(\hat{\theta})=(NT)^{-1/2}\sum_{i=1}^{N}\sum_{t=1}^{T}m_{it}(\theta_0)+B_0\times\left(\frac{1}{NT}\right)^{1/2}\times(\hat{\theta}-\theta_0)+o_p(1) \tag{4.1.11}$$

其中，$B_0=E\{\partial m_{it}(\theta_0)/\partial\theta'\}$。

在条件（1）~条件（3）下，根据 Lehmann（1983）的研究，$\hat{\theta}$满足

$$\sqrt{NT}(\hat{\theta}-\theta_0)=A_0^{-1}\times(NT)^{-1/2}\sum_{i=1}^{N}\sum_{t=1}^{T}g_{it}(\theta_0)+o_p(1) \tag{4.1.12}$$

其中

$$\begin{aligned}g_{it}(\theta_0)&=\partial\ln p_{it}/\partial\theta\\&=1(y_{it}=0)\times\frac{-f(x_{it}'\beta)x_{it}}{1-F(x_{it}'\beta)}+1(y_{it}=1)\times\frac{f(x_{it}'\beta)x_{it}}{F(x_{it}'\beta)}\\A_0&=E\{-\partial g_{it}(\theta_0)/\partial\theta'\}=I(\theta_0)\end{aligned}$$

$f(x)$表示$F(x)$的一阶导数。

把$\sqrt{NT}(\hat{\theta}-\theta_0)$的渐近展开代入$(NT)^{-1/2}\sum_{i=1}^{N}\sum_{t=1}^{T}m_{it}(\hat{\theta})$的泰勒展开式中，有

$$(NT)^{-1/2}\sum_{i=1}^{N}\sum_{t=1}^{T}m_{it}(\hat{\theta})=(NT)^{-1/2}\sum_{i=1}^{N}\sum_{t=1}^{T}[m_{it}(\theta_0)+B_0A_0^{-1}g_{it}(\theta_0)]+o_p(1) \tag{4.1.13}$$

并且随机变量$m_{it}(\theta_0)+B_0A_0^{-1}g_{it}(\theta_0)$是独立同分布的，同时得到$E[m_{it}(\theta_0)+B_0A_0^{-1}g_{it}(\theta_0)]=0$，根据中心极限定理，有

$$(NT)^{-1/2}\sum_{i=1}^{N}\sum_{t=1}^{T}m_{it}(\hat{\theta})\xrightarrow{d}N(0,V) \tag{4.1.14}$$

其中，$V=\mathrm{Var}(m_{it}(\theta_0)+B_0A_0^{-1}g_{it}(\theta_0))$；$d$表示依分布。

因为

$$m_{it}(\theta_0)+B_0A_0^{-1}g_{it}(\theta_0)=(1:B_0A_0^{-1})(m_{it}(\theta_0),g_{it}(\theta_0)) \tag{4.1.15}$$

所以

$$\begin{aligned}V&=(1:B_0A_0^{-1})\begin{pmatrix}Em_{it}^2(\theta_0)&E[m_{it}(\theta_0)g_{it}(\theta_0)]\\E[m_{it}(\theta_0)g_{it}(\theta_0)]&Eg_{it}^2(\theta_0)\end{pmatrix}(1:B_0A_0^{-1})'\\&=Em_{it}^2(\theta_0)-E^2[m_{it}(\theta_0)g_{it}(\theta_0)]/Eg_{it}^2(\theta_0)\end{aligned}$$

其中，$Eg_{it}^2(\theta_0)=A_0$，$E[m_{it}(\theta_0)g_{it}(\theta_0)]=-B_0$。

为了求得一个检验统计量，我们必须求得V的一致估计量。V的一个很自然

的估计量为

$$\hat{V}=(NT)^{-1}\left\{\sum_{i=1}^{N}\sum_{t=1}^{T}m_{it}^{2}(\hat{\theta})-\left[\sum_{i=1}^{N}\sum_{t=1}^{T}m_{it}(\hat{\theta})g_{it}(\hat{\theta})\right]^{2}\Big/\sum_{i=1}^{N}\sum_{t=1}^{T}g_{it}^{2}(\hat{\theta})\right\} \quad (4.1.16)$$

这里我们用样本矩代替总体矩，它是一个基于 Newey-Tauchen 方法的V 的估计，详细讨论参见 Orme（1990）的相关研究。

基于式（4.1.14）、式（4.1.16）和 Slutsky 定理，有

$$C_{NT}^{M}=\frac{1}{NT}\left[\sum_{i=1}^{N}\sum_{t=1}^{T}m_{it}(\hat{\theta})\right]^{2}\Big/\hat{V}\xrightarrow{d}\chi^{2}(1) \quad (4.1.17)$$

式（4.1.17）说明C_{NT}^{M}是一个渐近有效的检验统计量。定理 4.1.1 得证。

4.1.3　数值模拟研究

针对$H_0:\eta_i=0,i=1,\cdots,N$，为了说明本书提出的检验统计量（4.1.9）的有效性,将其数值模拟结果与 Gurmu 提出的LM检验进行模拟比较,详见表4.1~表 4.4。模拟基于 Logit 模型：

$$y_{it}=I(x_{it}\beta+\eta_i+\varepsilon_{it}>0),\ i=1,\cdots,N,\ t=1,\cdots,T \quad (4.1.18)$$

其中，真值参数$\beta=1$；x_{it}是严格局外变量，独立同分布于标准正态分布；ε_{it}独立同分布于标准 Logistic 分布，即$P(\varepsilon_{it}<x)=F(x)=\mathrm{e}^{x}/(1+\mathrm{e}^{x})$；$\eta_i=\left(\sum_{i=1}^{T}z_{it}\right)\Big/T$，$z_{it}$是严格局外变量，独立同分布于$N(\mu,\sigma^2)$，因此固定效应$\eta_i$产生于正态分布。在式（4.1.18）中，我们分别使用检验统计量（4.1.7）和检验统计量（4.1.9）去检验$H_0:\eta_i=0,i=1,\cdots,N$。参数$\beta$是在$H_0$成立条件下使用 MLE 得出的。$\mu$和$\sigma^2$的取值不同，方便检验本书提出的检验统计量是有效的。

表 4.1　不同 N 和 T 的 Logit 模型的检验 size

N	检验	T=5			T=10			T=15		
		1%检验	5%检验	10%检验	1%检验	5%检验	10%检验	1%检验	5%检验	10%检验
50	LM	0.013	0.052	0.103	0.008	0.044	0.114	0.002	0.051	0.093
	C_{NT}^{M}	0.004	0.060	0.117	0.021	0.062	0.118	0.016	0.057	0.113
100	LM	0.008	0.031	0.090	0.001	0.049	0.102	0.011	0.052	0.103
	C_{NT}^{M}	0.020	0.050	0.108	0.015	0.061	0.103	0.017	0.063	0.124
200	LM	0.003	0.034	0.078	0.006	0.040	0.112	0.010	0.052	0.083
	C_{NT}^{M}	0.012	0.062	0.108	0.015	0.066	0.091	0.019	0.062	0.119

表 4.2　不同 N 和 T 的 Probit 模型的检验 size

N	检验	T =5			T =10			T =15		
		1%检验	5%检验	10%检验	1%检验	5%检验	10%检验	1%检验	5%检验	10%检验
50	LM	0.002	0.025	0.067	0.008	0.052	0.086	0.009	0.038	0.086
	C_{NT}^{M}	0.012	0.064	0.106	0.007	0.052	0.095	0.011	0.056	0.111
100	LM	0.002	0.045	0.068	0.006	0.037	0.087	0.014	0.053	0.091
	C_{NT}^{M}	0.012	0.065	0.107	0.014	0.053	0.097	0.011	0.063	0.116
200	LM	0.001	0.034	0.069	0.003	0.036	0.092	0.006	0.050	0.074
	C_{NT}^{M}	0.007	0.053	0.107	0.011	0.042	0.101	0.006	0.050	0.104

表 4.3　N=50，T 取不同值时 Logit 模型设计的检验 power

μ	σ^2	检验	T =5			T =10			T =15		
			1%检验	5%检验	10%检验	1%检验	5%检验	10%检验	1%检验	5%检验	10%检验
0.2	0.2	LM	0.010	0.061	0.169	0.030	0.139	0.201	0.045	0.164	0.275
		C_{NT}^{M}	0.148	0.334	0.450	0.335	0.602	0.709	0.527	0.753	0.837
	0.4	LM	0.011	0.093	0.163	0.035	0.145	0.242	0.056	0.180	0.298
		C_{NT}^{M}	0.177	0.346	0.460	0.365	0.587	0.682	0.518	0.715	0.826
	0.6	LM	0.016	0.101	0.210	0.032	0.176	0.289	0.072	0.249	0.335
		C_{NT}^{M}	0.171	0.360	0.449	0.340	0.582	0.668	0.531	0.738	0.824
	0.8	LM	0.023	0.130	0.230	0.061	0.207	0.354	0.101	0.289	0.399
		C_{NT}^{M}	0.155	0.322	0.437	0.340	0.540	0.675	0.527	0.722	0.819
0.4	0.2	LM	0.031	0.202	0.320	0.202	0.432	0.610	0.387	0.642	0.760
		C_{NT}^{M}	0.677	0.839	0.893	0.965	0.989	0.997	0.995	0.999	0.999
	0.4	LM	0.045	0.213	0.350	0.221	0.471	0.609	0.365	0.609	0.777
		C_{NT}^{M}	0.677	0.834	0.896	0.948	0.987	0.994	0.993	0.994	1.000
	0.6	LM	0.068	0.222	0.356	0.224	0.506	0.626	0.495	0.692	0.820
		C_{NT}^{M}	0.689	0.826	0.892	0.955	0.984	0.992	0.988	0.996	1.000
	0.8	LM	0.081	0.275	0.437	0.287	0.555	0.712	0.509	0.746	0.838
		C_{NT}^{M}	0.646	0.827	0.874	0.935	0.980	0.989	0.992	1.000	0.997

表 4.4　N=50，T 取不同值时 Probit 模型设计的检验 power

μ	σ^2	检验	T =5			T =10			T =15		
			1% 检验	5%检验	10%检验	1% 检验	5%检验	10%检验	1% 检验	5% 检验	10% 检验
0.2	0.2	LM	0.011	0.072	0.139	0.053	0.210	0.298	0.132	0.320	0.487
		C_{NT}^M	0.333	0.586	0.676	0.710	0.876	0.930	0.899	0.963	0.981
	0.4	LM	0.022	0.116	0.234	0.086	0.248	0.393	0.179	0.431	0.525
		C_{NT}^M	0.359	0.578	0.695	0.677	0.876	0.921	0.883	0.965	0.976
	0.6	LM	0.035	0.190	0.333	0.170	0.342	0.516	0.270	0.509	0.646
		C_{NT}^M	0.347	0.545	0.622	0.670	0.878	0.908	0.871	0.955	0.982
	0.8	LM	0.092	0.291	0.481	0.274	0.512	0.685	0.396	0.661	0.770
		C_{NT}^M	0.358	0.554	0.690	0.635	0.819	0.886	0.829	0.938	0.963
0.4	0.2	LM	0.108	0.328	0.501	0.606	0.815	0.898	0.916	0.980	0.993
		C_{NT}^M	0.957	0.995	0.995	1.000	1.000	1.000	1.000	1.000	1.000
	0.4	LM	0.146	0.396	0.575	0.651	0.861	0.918	0.940	0.983	0.993
		C_{NT}^M	0.945	0.989	0.995	1.000	1.000	1.000	1.000	1.000	1.000
	0.6	LM	0.215	0.480	0.657	0.720	0.884	0.954	0.940	0.989	0.996
		C_{NT}^M	0.958	0.984	0.995	1.000	1.000	1.000	1.000	1.000	1.000
	0.8	LM	0.285	0.594	0.736	0.816	0.938	0.967	0.973	0.995	0.997
		C_{NT}^M	0.919	0.970	0.988	0.999	1.000	1.000	1.000	1.000	1.000

基于模型（4.1.18）的数据生成过程（data generating process，DGP），若 $P(\varepsilon_{it} < x) = F(x)$ 为标准正态分布的分布函数，则该模型变为 Probit 模型。从表 4.1 和表 4.2 可以看出，大部分 size 能够接近名义 size，少量的 LM 检验有些背离。在 N =50，T 变化情况下，总体上可以看出 Logit 模型或者 Probit 模型的检验 C_{NT}^M 的 power 要比 LM 检验的 power 大，尤其是 Logit 模型，详细的模拟比较可参见表 4.3 和表 4.4。这也说明了我们提出的检验统计量 C_{NT}^M 是有效的。

对于二元面板数据模型（4.1.1），若经过检验，发现拒绝 H_0，我们将研究带有固定效应的二元面板数据模型的参数估计问题，随着 N 的增大，模型中会出现伴随参数问题，因此消除固定效应 η_i 对感兴趣参数的影响是一个我们需要讨论的问题。目前这一问题已经得到很好的解决，具体见 4.2 节。

4.2 静态二元面板数据模型

4.2.1 固定效应模型

我们首先考虑固定效应的二元面板数据模型：

$$y_{it}=I(x_{it}'\beta+\eta_i+\varepsilon_{it}>0),\ i=1,\cdots,N,\ t=1,\cdots,T \tag{4.2.1}$$

其中，η_i 是固定效应，也是讨厌参数；β 是感兴趣参数；ε_{it} 均值为 0、独立同分布于 $F(\cdot)$，$F(\cdot)$ 所对应的密度函数关于 0 对称，从而

$$\Pr(y_{it}=1)=F(x_{it}'\beta+\eta_i) \tag{4.2.2}$$

模型（4.2.1）的对数似然函数为

$$\sum_{i=1}^{N}l_i(\beta,\eta_i)=\sum_{i=1}^{N}\sum_{i=1}^{T}[y_{it}\ln F_{it}+(1-y_{it})\ln(1-F_{it})] \tag{4.2.3}$$

其中，$F_{it}=F(x_{it}'\beta+\eta_i)$。分别对式（4.2.3）求导，有

$$d_{\eta_i}(\beta,\eta_i)=\frac{\partial l_i(\beta,\eta_i)}{\partial\eta_i}=\sum_{t=1}^{T}\frac{f_{it}}{F_{it}(1-F_{it})}(y_{it}-F_{it}) \tag{4.2.4}$$

$$d_{\beta}(\beta,\eta_i)=\frac{\partial l_i(\beta,\eta_i)}{\partial\beta}=\sum_{t=1}^{T}\frac{f_{it}}{F_{it}(1-F_{it})}x_{it}(y_{it}-F_{it}) \tag{4.2.5}$$

其中，f_{it} 是相对于 F_{it} 的概率密度函数，即 $f_{it}=F_{it}'$。

若对数似然函数（4.2.3）中的 F_{it} 为标准正态分布的分布函数和标准 Logistic 分布函数，并且仅有一个参数 β，则这个对数似然函数关于 β 是全局上凸函数，也就是要证明这个对数似然函数的二阶偏导是负定阵，详细讨论参见 Amemiya（1985）的研究。由于在对数似然函数（4.2.3）中包含 β 和 η_i，该对数似然函数关于 β 和 η_i 不是全局上凸的，因此给定 β 后，η_i 的 MLE $\hat{\eta}_i(\beta)$ 是似然方程（4.2.6）的解：

$$\frac{\partial l_i(\beta,\eta_i)}{\partial\eta_i}=0 \tag{4.2.6}$$

把 $\hat{\eta}_i(\beta)$ 代入对数似然函数（4.2.3）中，再求得 β 的 MLE $\hat{\beta}$，即使下面的轮廓对数似然函数

$$\sum_{i=1}^{N}l_i(\beta,\hat{\eta}_i(\beta))=\sum_{i=1}^{N}\sum_{i=1}^{T}[y_{it}\times\ln F_{it}+(1-y_{it})\times\ln(1-F_{it})] \tag{4.2.7}$$

达到最大，其中 $F_{it}=F(x_{it}'\beta+\hat{\eta}_i(\beta))$，即解下面的一阶条件：

$$\frac{1}{NT}\sum_{i=1}^{N}\left\{d_{\beta}(\beta,\hat{\eta}_i(\beta))+d_{\eta_i}(\beta,\hat{\eta}_i(\beta))\frac{\partial\hat{\eta}_i(\beta)}{\partial\beta}\right\}$$
$$=\frac{1}{NT}\sum_{i=1}^{N}d_{\beta}(\beta,\hat{\eta}_i(\beta))=0 \tag{4.2.8}$$

毕竟式（4.2.7）不是真正的似然函数。另外，当 T 固定而 N 趋近无穷时，$\hat{\eta}_i$ 不能收敛到 η_i，因此通过式（4.2.7）求得的 β 的估计 $\hat{\beta}$ 是不相合的，这就是著名的伴随参数问题。Lancaster（2000）对伴随参数问题进行了回顾。

为了说明 $\hat{\beta}$ 的不相合性，我们考虑 Logit 模型，即模型（4.2.1）中扰动项 ε_{it} 的分布函数是 Logistic 累积分布函数 $F(x)=\dfrac{\mathrm{e}^x}{1+\mathrm{e}^x}\equiv\Lambda(x)$，有

$$\frac{f_{it}}{F_{it}(1-F_{it})}=1 \tag{4.2.9}$$

为了说明方便，当 β 是标量时，T =2，另外取 $x_{i1}=0$ 和 $x_{i2}=1$。将式（4.2.9）代入式（4.2.4），$\hat{\eta}_i(\beta)$ 是方程（4.2.10）的解：

$$y_{i1}+y_{i2}=\frac{\mathrm{e}^{x_{i1}\beta+\hat{\eta}_i(\beta)}}{1+\mathrm{e}^{x_{i1}\beta+\hat{\eta}_i(\beta)}}+\frac{\mathrm{e}^{x_{i2}\beta+\hat{\eta}_i(\beta)}}{1+\mathrm{e}^{x_{i2}\beta+\hat{\eta}_i(\beta)}} \tag{4.2.10}$$

通过分析式（4.2.10），当 $y_{i1}+y_{i2}=0$ 时，有 $\hat{\eta}_i(\beta)\to-\infty$。当 $y_{i1}+y_{i2}=2$ 时，有 $\hat{\eta}_i(\beta)\to\infty$。最后，当 $y_{i1}+y_{i2}=1$ 时，$\hat{\eta}_i(\beta)$ 满足

$$\frac{\mathrm{e}^{x_{i1}\beta+\hat{\eta}_i(\beta)}}{1+\mathrm{e}^{x_{i1}\beta+\hat{\eta}_i(\beta)}}=1-\frac{\mathrm{e}^{x_{i2}\beta+\hat{\eta}_i(\beta)}}{1+\mathrm{e}^{x_{i2}\beta+\hat{\eta}_i(\beta)}}=\frac{1}{1+\mathrm{e}^{x_{i2}\beta+\hat{\eta}_i(\beta)}} \tag{4.2.11}$$

式（4.2.11）经过化简，可得

$$\mathrm{e}^{x_{i1}\beta+x_{i2}\beta+2\hat{\eta}_i(\beta)}=1 \tag{4.2.12}$$

从而

$$\hat{\eta}_i(\beta)=-\frac{(x_{i1}+x_{i2})\beta}{2}=-\frac{\beta}{2} \tag{4.2.13}$$

对于 $y_{i1}+y_{i2}$ 不同取值，$\hat{\eta}_i(\beta)$ 的取值总结如下：

$$\hat{\eta}_i(\beta)=\begin{cases}\infty, & y_{i1}+y_{i2}=2\\ -\infty, & y_{i1}+y_{i2}=0\\ -\beta/2, & y_{i1}+y_{i2}=1\end{cases} \tag{4.2.14}$$

根据式（4.2.14），(y_{i1},y_{i2}) 取（0，0）和（1，1）对轮廓对数似然函数没有任何作用，所以删除这样的观测值。因此，只讨论 (y_{i1},y_{i2}) 取（0，1）和（1，0）时的轮廓对数似然函数，这时 $\hat{\eta}_i(\beta)=-\dfrac{\beta}{2}$，这对于求 β 的 MLE 是有意义的。经过分析，当 (y_{i1},y_{i2}) 取（0，1）时，有

$$l_i(\beta,\hat{\eta}_i(\beta))=\sum_{i=1}^{2}\left\{y_{it}\times\ln\left(\Lambda\left(x_{it}\beta-\frac{\beta}{2}\right)\right)+(1-y_{it})\times\ln\left(1-\Lambda\left(x_{it}\beta-\frac{\beta}{2}\right)\right)\right\}$$

$$=\ln\left(1-\Lambda\left(x_{i1}\beta-\frac{\beta}{2}\right)\right)+\ln\left(\Lambda\left(x_{i2}\beta-\frac{\beta}{2}\right)\right)$$

$$=2\ln(\Lambda(\beta/2)) \tag{4.2.15}$$

当(y_{i1},y_{i2})取（1，0）时，有

$$l_i(\beta,\hat{\eta}_i(\beta))=\sum_{i=1}^{2}\left\{y_{it}\times\ln\left(\Lambda\left(x_{it}\beta-\frac{\beta}{2}\right)\right)+\left(1-y_{it}\right)\times\ln\left(1-\Lambda\left(x_{it}\beta-\frac{\beta}{2}\right)\right)\right\}$$

$$=\ln\left(\Lambda\left(x_{i1}\beta-\frac{\beta}{2}\right)\right)+\ln\left(1-\Lambda\left(x_{i2}\beta-\frac{\beta}{2}\right)\right)$$

$$=2\ln(1-\Lambda(\beta/2)) \tag{4.2.16}$$

因此，我们得到轮廓对数似然函数如下：

$$\sum_{i=1}^{N}l_i\left(\beta,\hat{\eta}_i\left(\beta\right)\right)=2\sum_{i=1}^{N}\left\{d_{01i}\times\ln\left(\Lambda\left(\frac{\beta}{2}\right)\right)+d_{10i}\times\ln\left(1-\Lambda\left(\frac{\beta}{2}\right)\right)\right\} \tag{4.2.17}$$

其中，$d_{01i}=I(y_{i1}=0,y_{i2}=1)$，$d_{10i}=I(y_{i1}=1,y_{i2}=0)$。

令$p=\Lambda(\beta/2)$，式（4.2.17）对p求导数并令其为0，则p的MLE为

$$\hat{p}=\frac{\sum_{i=1}^{N}I(y_{i1}=0,y_{i2}=1)}{\sum_{i=1}^{N}I(y_{i1}+y_{i2}=1)} \tag{4.2.18}$$

因为$p=\Lambda(\beta/2)$，根据MLE的不变性，有

$$\hat{\beta}=2\ln\left(\frac{\hat{p}}{1-\hat{p}}\right) \tag{4.2.19}$$

根据式（4.2.18），$\hat{p}$依概率收敛到

$$\Pr(y_{i1}=0,y_{i2}=1\,|\,y_{i1}+y_{i2}=1)\equiv p \tag{4.2.20}$$

因为

$$\begin{aligned}\Pr(y_{i1}=0,y_{i2}=1)&=(1-\Lambda(x_{i1}\beta+\eta_i))\Lambda(x_{i2}\beta+\eta_i)\\&=\frac{1}{1+\mathrm{e}^{x_{i1}\beta+\eta_i}}\times\frac{\mathrm{e}^{x_{i2}\beta+\eta_i}}{1+\mathrm{e}^{x_{i2}\beta+\eta_i}}\\&=\frac{1}{1+\mathrm{e}^{\eta_i}}\times\frac{\mathrm{e}^{\beta+\eta_i}}{1+\mathrm{e}^{\beta+\eta_i}}\end{aligned} \tag{4.2.21}$$

和

$$\begin{aligned}\Pr(y_{i1}=1,y_{i2}=0)&=\Lambda(x_{i1}\beta+\eta_i)(1-\Lambda(x_{i2}\beta+\eta_i))\\&=\frac{\mathrm{e}^{x_{i1}\beta+\eta_i}}{1+\mathrm{e}^{x_{i1}\beta+\eta_i}}\times\frac{1}{1+\mathrm{e}^{x_{i2}\beta+\eta_i}}\end{aligned} \tag{4.2.22}$$

$$=\frac{\mathrm{e}^{\eta_i}}{1+\mathrm{e}^{\eta_i}}\times\frac{1}{1+\mathrm{e}^{\beta+\eta_i}}$$

及

$$\begin{aligned}\Pr(y_{i1}+y_{i2}=1)&=\Pr(y_{i1}=0,y_{i2}=1)+\Pr(y_{i1}=1,y_{i2}=0)\\&=\frac{\mathrm{e}^{\eta_i}+\mathrm{e}^{\beta+\eta_i}}{(1+\mathrm{e}^{\eta_i})(1+\mathrm{e}^{\beta+\eta_i})}\end{aligned}\tag{4.2.23}$$

所以

$$\begin{aligned}\Pr(y_{i1}=0,y_{i2}=1\mid y_{i1}+y_{i2}=1)&=\frac{\Pr(y_{i1}=0,y_{i2}=1)}{\Pr(y_{i1}+y_{i2}=1)}\\&=\frac{\mathrm{e}^{\beta+\eta_i}}{\mathrm{e}^{\eta_i}+\mathrm{e}^{\beta+\eta_i}}\\&=\frac{\mathrm{e}^{\beta}}{1+\mathrm{e}^{\beta}}\\&=\Lambda(\beta)\end{aligned}\tag{4.2.24}$$

由式（4.2.19）可知，当 $N\to\infty$ 时

$$\hat{\beta}\xrightarrow{p}2\ln\left(\frac{p}{1-p}\right)=2\ln\left(\frac{\Lambda(\beta)}{1-\Lambda(\beta)}\right)=2\beta\tag{4.2.25}$$

所以 β 的 MLE 不是相合的，它是真值的 2 倍，当然这个结果可以推广到更一般的两周期的多个回归量的 Logit 模型，具体可参见 Hsiao（2003）的相关研究。β 的 MLE 不相合主要是由讨厌参数 η_i 造成的。因此，要得到 β 的一致估计，我们必须消除固定效应 η_i 对参数 β 的影响。首先要介绍一个条件最大似然的方法，该方法是要找到 η_i 的充分统计量。对于 Logit 模型，Chamberlain（1980）证明了 $\sum_{i=1}^{N}y_{it}$ 是 η_i 的充分统计量。这个思想就是以充分统计量 $\sum_{i=1}^{N}y_{it}$ 为条件的条件似然函数对 β 进行统计推断（Andersen，1970），这样就能够消除 η_i。这里要求这个条件似然函数是依赖 β 的。对于固定效应的 Logit 模型（4.2.1），考虑 $T=2$ 的情况来说明条件 MLE 的有效性。根据式（4.2.21）~式（4.2.24），我们整理条件概率得

$$\Pr(y_{i1},y_{i2}\mid y_{i1}+y_{i2},x_i)=\begin{cases}1, & (y_{i1},y_{i2})=(0,0)\\\Lambda(\Delta x_{i2}'\beta), & (y_{i1},y_{i2})=(0,1)\\1-\Lambda(\Delta x_{i2}'\beta), & (y_{i1},y_{i2})=(1,0)\\1, & (y_{i1},y_{i2})=(1,1)\end{cases}\tag{4.2.26}$$

其中，$x_i=(x_{i1}',x_{i2}')'$，$\Delta x_{i2}'=x_{i2}'-x_{i1}'$。在式（4.2.26）中，当 $(y_{i1},y_{i2})=(0,0)$ 和 $(y_{i1},y_{i2})=(1,1)$ 时条件似然与 β 无关，这样的样本对于求估计是没有贡献的，因此在估计时要删除这样的样本。根据式（4.2.26），以 $y_{i1}+y_{i2}=1$ 为条件的对数似然

函数为

$$l(\beta)=\sum_{i=1}^{N}\{d_{01i}\times\ln(\Lambda(\Delta x_{i2}'\beta))+d_{10i}\times\ln(1-\Lambda(\Delta x_{i2}'\beta))\} \tag{4.2.27}$$

其中，$d_{01i}=I(y_{i1}=0,y_{i2}=1)$，$d_{10i}=I(y_{i1}=1,y_{i2}=0)$。对式（4.2.27）关于 β 求导并令其为 0，就可以求得 β 的条件 MLE。

前面介绍的条件似然方法依赖 Logit 假设，如果是固定效应的 Probit 模型，条件似然方法是不适用的。下面将使用 Manski（1987）提出的半参数方法来放松 Logit 假设。由于 ε_{it} 的分布函数 F 具有时不变性，对于 $T=2$，有

$$\text{median}(y_{i2}-y_{i1}\mid x_i,y_{i1}+y_{i2}=1)=\text{sgn}[\Delta x_{i2}'\beta] \tag{4.2.28}$$

其中，sgn 是符号函数，即如果 $w>0$ 则 $\text{sgn}(w)=1$，如果 $w=0$ 则 $\text{sgn}(w)=0$，如果 $w<0$ 则 $\text{sgn}(w)=-1$。为了说明式（4.2.28）成立，有如下解释。在 $y_{i1}+y_{i2}=1$ 的条件下，$y_{i2}-y_{i1}$ 有两个可能取值：一个是 1；另一个是 -1。

由于

$$\begin{aligned}\Pr(y_{i2}-y_{i1}=1\mid x_i,y_{i1}+y_{i2}=1)&=\frac{\Pr(y_{i2}=1,y_{i1}=0\mid x_i)}{\Pr(y_{i1}+y_{i2}=1\mid x_i)}\\ \Pr(y_{i2}-y_{i1}=-1\mid x_i,y_{i1}+y_{i2}=1)&=\frac{\Pr(y_{i2}=0,y_{i1}=1\mid x_i)}{\Pr(y_{i1}+y_{i2}=1\mid x_i)}\end{aligned} \tag{4.2.29}$$

根据中位数定义，有

$$\begin{aligned}&\text{median}(y_{i2}-y_{i1}\mid x_i,y_{i1}+y_{i2}=1)\\ &=\text{sgn}[\Pr(y_{i2}=1,y_{i1}=0\mid x_i)-\Pr(y_{i2}=0,y_{i1}=1\mid x_i)]\end{aligned} \tag{4.2.30}$$

另外，已知

$$\begin{aligned}\Pr(y_{i2}=1,y_{i1}=0\mid x_i)&=\Pr(y_{i2}=1\mid x_i)-\Pr(y_{i2}=1,y_{i1}=1\mid x_i)\\ \Pr(y_{i2}=0,y_{i1}=1\mid x_i)&=\Pr(y_{i1}=1\mid x_i)-\Pr(y_{i2}=1,y_{i1}=1\mid x_i)\end{aligned} \tag{4.2.31}$$

从而将式（4.2.31）代入式（4.2.30），有

$$\text{median}(y_{i2}-y_{i1}\mid x_i,y_{i1}+y_{i2}=1)=\text{sgn}[\Pr(y_{i2}=1\mid x_i)-\Pr(y_{i1}=1\mid x_i)] \tag{4.2.32}$$

根据模型（4.2.1），有

$$\begin{aligned}\Pr(y_{i1}=1|x_i)&=F(x_{i1}'\beta+\eta_i)\\ \Pr(y_{i2}=1|x_i)&=F(x_{i2}'\beta+\eta_i)\end{aligned} \tag{4.2.33}$$

再由分布函数 $F(\cdot)$ 的单调性可知

$$\begin{aligned}\Pr(y_{i2}=1|x_i)>\Pr(y_{i1}=1|x_i)&\Leftrightarrow x_{i2}'\beta>x_{i1}'\beta\\ \Pr(y_{i2}=1|x_i)=\Pr(y_{i1}=1|x_i)&\Leftrightarrow x_{i2}'\beta=x_{i1}'\beta\\ \Pr(y_{i2}=1|x_i)<\Pr(y_{i1}=1|x_i)&\Leftrightarrow x_{i2}'\beta<x_{i1}'\beta\end{aligned} \tag{4.2.34}$$

即

$$\text{sgn}[\Pr(y_{i2}=1\mid x_i)-\Pr(y_{i1}=1\mid x_i)]=\text{sgn}(\Delta x_{i2}'\beta) \tag{4.2.35}$$

因此把式（4.2.35）代入式（4.2.32），可知式（4.2.28）成立。式（4.2.28）的

右边不依赖η_i，但是依赖β。因此，由中位数回归，我们估计β是通过使得

$$\sum_{i=1}^{N} |(y_{i2}-y_{i1})-\text{sgn}[\Delta x'_{i2}\beta]| \tag{4.2.36}$$

达到最小得到的。基于上面的讨论，Manski（1987）提出了最大得分估计量（maximum score estimator），要使得式（4.2.36）达到最小，即使样本平均函数

$$H_N(\beta)=\frac{1}{N}\sum_{i=1}^{N}\text{sgn}[\Delta x'_{i2}\beta](y_{i2}-y_{i1}) \tag{4.2.37}$$

达到最大，其中，β要满足$\beta'\beta=1$这个正则化条件。通过上面的分析可知，在估计β时，我们仅仅使用满足$y_{i1}+y_{i2}=1$的样本观测值。由式（4.2.37）得到的最大得分估计量是相合的，但不是$\sqrt{N}$相合的，同时不是渐近正态的。Horowitz（1992）提出了一个光滑最大得分估计量（smoothed maximum score estimator），但其收敛率低于$\sqrt{N}$。Charlier 等（1995）针对这一收敛率问题进行了详细讨论，发现光滑最大得分估计量是渐近正态的。Lee（1999）提出了一个$\sqrt{N}$相合的半参数估计量，并且证明了它是渐近正态的，β的估计是通过使得

$$\begin{aligned}&[N(N-1)]^{-1}\sum_{i\neq j}\text{sgn}(\Delta x'_{i2}\beta-\Delta x'_{j2}\beta)(\Delta y_{i2}-\Delta y_{j2})\Delta y_{i2}^2\Delta y_{j2}^2\\&=\frac{1}{C_N^2}\sum_{i<j,\Delta y_{i2}\neq\Delta y_{j2},\Delta y_{i2}\neq 0,\Delta y_{j2}\neq 0}\text{sgn}(\Delta x'_{i2}\beta-\Delta x'_{j2}\beta)(\Delta y_{i2}-\Delta y_{j2})\end{aligned} \tag{4.2.38}$$

达到最大得到的。

4.2.2　随机效应模型

如果模型（4.2.1）中的个体效应η_i不是一个参数，而是一个随机变量，则模型（4.2.1）称为静态的随机效应的二元面板数据模型。假定η_i与解释变量x_i独立，其中$x_i=(x'_{i1},x'_{i2},\cdots,x'_{iT})'$。对于随机效应模型来说，我们使用 Probit 模型是非常普遍的。为了说明问题方便，令$v_{it}=\eta_i+\varepsilon_{it}$，则模型（4.2.1）转化为

$$y_{it}=I(x'_{it}\beta+v_{it}>0),\ i=1,\cdots,N,\ t=1,\cdots,T \tag{4.2.39}$$

其中，η_i独立同分布于$N(0,\sigma_\eta^2)$；ε_{it}独立同分布于$N(0,\sigma_\varepsilon^2)$，并且它们都与$x_i$独立。

由上面的假设可知，如果$s\neq t$，则$E(v_{is}v_{it})=E\eta_i^2=\sigma_\eta^2$。这主要是由$\eta_i$是随机变量造成的。这样的似然函数不再是边缘似然函数之积，而是高维积分，给计算带来了很大的困难。我们以随机变量η_i作为条件得到ε_{it}的条件分布，再与η_i的分

布相乘后获得联合分布函数，最终消去η_i。根据上述的思想，对数似然函数是

$$l(\beta)=\sum_{i=1}^{N}\ln\int_{-\infty}^{+\infty}\prod_{i=1}^{T}F(x_{it}'\beta+\eta_i)^{y_{it}}[1-F(x_{it}'\beta+\eta_i)]^{1-y_{it}}\mathrm{d}G(\eta_i) \quad (4.2.40)$$

其中，$F(\cdot)$是x_i和η_i条件下ε_{it}的分布函数；$G(\cdot)$是η_i的分布函数。如果在x_i和η_i条件下ε_{it}的分布函数是标准正态函数，则对数似然函数如下：

$$l(\beta)=\sum_{i=1}^{N}\ln\int_{-\infty}^{+\infty}\prod_{i=1}^{T}\Phi\{(x_{it}'\beta+\eta_i)(2y_{it}-1)\}\mathrm{d}G(\eta_i) \quad (4.2.41)$$

其中，$\Phi(\cdot)$是标准正态的分布函数。该似然函数求估计方法可以使用Gauss-Hermite积分公式，详见Butler和Moffitt（1982）的研究。随机效应Probit模型的应用可以参见Sickles和Taubman(1986)的研究。他们利用Butler和Moffitt（1982)提出的高斯平方损失方法求得MLE。这方面的详细讨论可以参见Guilkey和Murphy（1993）、Lee（2000）的相关研究。

如果要求η_i和x_i不独立，则有

$$\eta_i=x_i'a+\xi_i \quad (4.2.42)$$

其中，$a'=(a_1',\cdots,a_T')$；$x_i'=(x_{i1}',\cdots,x_{iT}')$；$\xi_i$是独立同分布于均值为0、方差为$\sigma_\xi^2$的分布。令$\xi$的分布函数为$G^*(\cdot)$，并且都与$\varepsilon_{it}$独立。在上面的假设下，有对数似然函数：

$$\begin{aligned}l(\beta)=\sum_{i=1}^{N}\ln\int_{-\infty}^{+\infty}\prod_{i=1}^{T}&F(x_{it}'\beta+x_i'a+\xi_i)^{y_{it}}\\&\times[1-F(x_{it}'\beta+x_i'a+\xi_i)]^{1-y_{it}}\mathrm{d}G^*(\xi)\end{aligned} \quad (4.2.43)$$

其中，$G^*(\cdot)$是ξ的分布函数。通过对数似然函数（4.2.43）求得的β的MLE是相合的和有效的，但是在计算时会很复杂。因此，我们考虑ε_{it}的分布函数是标准正态分布函数，即$F(\cdot)$是标准正态分布函数，同时$G^*(\cdot)$是均值为0、方差为σ_ξ^2的正态分布函数，则有Probit形式：

$$y_{it}=1,\quad x_{it}'\beta+x_i'a+\xi_i+\varepsilon_{it}>0 \quad (4.2.44)$$

所以

$$\Pr(y_{it}=1)=\Phi[(1+\sigma_\xi^2)^{-1/2}(x_{it}'\beta+x_i'a)] \quad (4.2.45)$$

其中，$\Phi(\cdot)$是标准正态分布函数。在求MLE时，也会涉及数值积分，但是计算相对简单，具体的讨论可以参见Chamberlain（1984）的相关研究。其实对于面板数据的Probit模型，Keane（1994）提出了一种可计算的模拟估计量，主要使用无偏的Monte Carlo模拟来代替复杂的积分，并指出与最大似然方法相比较，可计算的模拟估计量性能比较好。

4.3　动态二元面板数据模型

4.2 节主要介绍静态二元面板数据模型。然而在很多研究中，如研究品牌选择、妇女就业、购买决定等，我们会发现一个人在过去经历了一个事件，那么他在将来比从来没有经历过这个事件的人更有可能经历这个事件。

Heckman（1981a，1981b）对这些动态模型进行了扩展，研究了上述现象的两个推广：一个是"真的状态相依"（true state dependence）；另一个是"假的状态相依"（spurious state dependence）。本节主要讨论"真的状态相依"。对于二元面板数据模型来说，"真的状态相依"是指滞后的被解释变量作为一个解释变量。我们考虑的动态二元面板数据模型如下：

$$y_{it} = I(\gamma y_{it-1} + x_{it}'\beta + \eta_i + \varepsilon_{it} \geqslant 0),\ i = 1,\cdots,N; t = 1,\cdots,T \tag{4.3.1}$$

其中，$I(\cdot)$ 是示性函数；y_{it} 是可观测的被解释变量；x_{it} 是严格局外解释变量；$\theta = (\gamma, \beta')'$ 是感兴趣的待估参数；η_i 是个体效应，这里令它是参数；ε_{it} 是均值为 0 的独立同分布随机变量。

4.3.1　条件方法

动态二元面板数据模型参数估计问题一直是理论计量经济学研究的热点。Chamberlain（1985）研究了只有滞后被解释变量作为解释变量的固定效应条件 Logit 模型。假定在初始时刻 y_{i0} 是可观测的，模型如下：

$$\begin{gathered}\Pr(y_{i0} = 1 | \eta_i) = P_0(\eta_i) \\ \Pr(y_{it} = 1 | \eta_i, y_{i0}, \cdots, y_{it-1}) = \frac{\mathrm{e}^{\gamma y_{it-1} + \eta_i}}{1 + \mathrm{e}^{\gamma y_{it-1} + \eta_i}} \\ t = 1, \cdots, T; T \geqslant 3\end{gathered} \tag{4.3.2}$$

其中，初始分布 $P_0(\eta_i)$ 是未知的。为了求 γ 的估计，根据 Chamberlain（1985）的研究，我们考虑两个事件：

$$\begin{aligned} A &= \{y_{i0} = d_0, y_{i1} = 0, y_{i2} = 1, y_{i3} = d_3\} \\ B &= \{y_{i0} = d_0, y_{i1} = 1, y_{i2} = 0, y_{i3} = d_3\} \end{aligned} \tag{4.3.3}$$

其中，d_0 和 d_3 取 0 或者 1。当 $T = 3$ 时，由乘法公式，有

$$\Pr(A|\eta_i)=P_0(\eta_i)^{d_0}(1-P_0(\eta_i))^{1-d_0}\times\frac{1}{1+\exp(\gamma y_{i0}+\eta_i)}\times\frac{\exp(\eta_i)}{1+\exp(\eta_i)}\times\frac{\exp[(\gamma+\eta_i)d_3]}{1+\exp(\gamma+\eta_i)} \tag{4.3.4}$$

$$\Pr(B|\eta_i)=P_0(\eta_i)^{d_0}(1-P_0(\eta_i))^{1-d_0}\times\frac{\gamma y_{i0}+\eta_i}{1+\exp(\gamma y_{i0}+\eta_i)}\times\frac{1}{1+\exp(\gamma+\eta_i)}\times\frac{\exp(\eta_i d_3)}{1+\exp(\eta_i)} \tag{4.3.5}$$

所以条件概率

$$\begin{aligned}\Pr(A|A\cup B,\eta_i)&=\Pr(A|y_{i1}+y_{i2}=1,\eta_i)\\&=\frac{1}{1+\exp[\gamma(y_{i0}-d_3)]}\end{aligned} \tag{4.3.6}$$

$$\begin{aligned}\Pr(B|A\cup B,\eta_i)&=\Pr(B|y_{i1}+y_{i2}=1,\eta_i)\\&=1-\Pr(A|A\cup B,\eta_i)\\&=\frac{\exp[\gamma(y_{i0}-d_3)]}{1+\exp[\gamma(y_{i0}-d_3)]}\end{aligned} \tag{4.3.7}$$

不依赖η_i。因此，为了估计参数γ，我们可以使条件似然函数

$$\sum_{i=1}^{N}I\left(y_{i1}+y_{i2}=1\right)\ln\left(\frac{\exp[\gamma_{i1}(y_{i0}-y_{i3})]}{1+\exp[\gamma(y_{i0}-y_{i3})]}\right) \tag{4.3.8}$$

达到最大。对于只有滞后被解释变量作为解释变量的简单动态模型（4.3.2），Hahn（2001）证明了在$T=3$时，条件 MLE 是相合的，收敛率是$\sqrt{N}$，同时其渐近方差是严格大于半参数渐近方差的边界。

Honore 和 Kyriazidou（2000）将 Chamberlain（1985）中的固定效应 Logit 模型（4.3.2）推广到含有严格外生变量的情况，即

$$\begin{aligned}&\Pr(y_{i0}=1|x_i,\eta_i)=P_0(x_i,\eta_i)\\&\Pr(y_{it}=1|x_i,\eta_i,y_{i0},\cdots,y_{it-1})=\frac{\mathrm{e}^{\gamma y_{it-1}+x_{it}'\beta+\eta_i}}{1+\mathrm{e}^{\gamma y_{it-1}+x_{it}'\beta+\eta_i}}\\&\qquad t=1,\cdots,T\end{aligned} \tag{4.3.9}$$

类似式（4.3.4）和式（4.3.5）的推导过程，可得

$$\Pr(A|x_i,\eta_i)=P_0(x_i,\eta_i)^{d_0}(1-P_0(x_i,\eta_i))^{1-d_0}\times\frac{1}{1+\exp(\gamma y_{i0}+x_{i1}'\beta+\eta_i)}\times\frac{\exp(x_{i2}'\beta+\eta_i)}{1+\exp(x_{i2}'\beta+\eta_i)}\times\frac{\exp[(\gamma+x_{i3}'\beta+\eta_i)d_3]}{1+\exp(\gamma+x_{i3}'\beta+\eta_i)} \tag{4.3.10}$$

$$\begin{aligned}\Pr(B\mid x_i,\eta_i)=&P_0(x_i,\eta_i)^{d_0}(1-P_0(x_i,\eta_i))^{1-d_0}\times\frac{\gamma y_{i0}+x_{i1}'\beta+\eta_i}{1+\exp(\gamma y_{i0}+x_{i1}'\beta+\eta_i)}\\&\times\frac{1}{1+\exp(\gamma+x_{i2}'\beta+\eta_i)}\times\frac{\exp[(x_{i3}'\beta+\eta_i)d_3]}{1+\exp(x_{i3}'\beta+\eta_i)}\end{aligned}\tag{4.3.11}$$

但是使用式（4.3.10）和式（4.3.11），条件概率 $\Pr(A\mid x_i,A\cup B,\eta_i)$ 和 $\Pr(B\mid x_i,A\cup B,\eta_i)$ 仍然和 η_i 有关，也就是说这个条件概率不能消除固定效应。如果在条件概率中增加 $x_{i2}'=x_{i3}'$ 这个条件，得出条件概率

$$\Pr(A\mid x_i,A\cup B,\eta_i,x_{i2}'=x_{i3}')=\frac{1}{1+\exp[\gamma(y_{i0}-d_3)+(x_{i1}'-x_{i2}')\beta]}\tag{4.3.12}$$

和

$$\Pr(B\mid x_i,A\cup B,\eta_i,x_{i2}'=x_{i3}')=\frac{\exp[\gamma(y_{i0}-d_3)+(x_{i1}'-x_{i2}')\beta]}{1+\exp[\gamma(y_{i0}-d_3)+(x_{i1}'-x_{i2}')\beta]}\tag{4.3.13}$$

不依赖 η_i，即消除了固定效应。

如果所有的解释变量 x_{it} 都是离散的，同时 x_{it} 过程满足 $\Pr(x_{i2}'=x_{i3}')>0$，则可以用式（4.3.12）和式（4.3.13）来对 γ 和 β 进行统计推断。为了求得 γ 和 β 的参数估计，我们使似然函数

$$\begin{aligned}&\sum_{i=1}^{N}I(y_{i1}+y_{i2}=1)I(x_{i2}'-x_{i3}'=0)\\&\times\ln\left(\frac{\exp\{y_{i1}[\gamma(y_{i0}-y_{i3})+(x_{i1}'-x_{i2}')\beta]\}}{1+\exp[\gamma(y_{i0}-y_{i3})+(x_{i1}'-x_{i2}')\beta]}\right)\end{aligned}\tag{4.3.14}$$

达到最大。

如果解释变量 x_{it} 是连续的，则满足 $x_{i2}'=x_{i3}'$ 这个假设的观测值很少。为了克服这个缺点，Honore 和 Kyriazidou（2000）提出了估计参数 γ 和 β 是通过使得似然函数

$$\begin{aligned}&\sum_{i=1}^{N}\left\{I(y_{i1}+y_{i2}=1)K\left(\frac{x_{i2}'-x_{i3}'}{\sigma_N}\right)\right.\\&\left.\times\ln\left(\frac{\exp[y_{i1}(\gamma(y_{i0}-y_{i3})+(x_{i1}'-x_{i2}')\beta)]}{1+\exp[\gamma(y_{i0}-y_{i3})+(x_{i1}'-x_{i2}')\beta]}\right)\right\}\end{aligned}\tag{4.3.15}$$

达到最大求得的。其中 $K(\cdot)$ 是核密度函数，它对 x_{i2}' 与 x_{i3}' 接近的观测值赋予了适当的权重；σ_N 是带宽，它随着 N 增大而减小。在标准的假设条件下，通过式（4.3.15）求得的估计量是相合的和渐近正态的，但是收敛率是低于 $\sqrt{N}$ 的，详细的讨论可以参见 Honore 和 Kyriazidou（2000）的研究。

4.3.2 半参数方法

前面讨论的条件似然方法基于 Logit 假设,对于一般的非线性模型是不适用的。为了放宽 Logit 假设，类似静态二元面板数据模型的讨论，我们使用 Manski（1987）提出的最大得分估计量来研究动态二元面板数据模型的参数估计问题。假设

$$\begin{aligned}&\Pr(y_{i0}=1\mid x_i,\eta_i)=P_0(x_i,\eta_i)\\&\Pr(y_{it}=1\mid x_i,\eta_i,y_{i0},\cdots,y_{it-1})=F(\gamma y_{it-1}+x_{it}'\beta+\eta_i)\\&\qquad t=1,\cdots,T\end{aligned}\tag{4.3.16}$$

其中，y_{i0} 是可观测的；$F(\cdot)$ 是严格单调增的分布函数。对于每个个体，只考虑 4 个观测值，即 $T=3$ 。事件 A 和事件 B 与式（4.3.3）一致，根据乘法公式，有

$$\begin{aligned}\Pr(A\mid x_i,\eta_i)=&P_0(x_i,\eta_i)^{d_0}(1-P_0(x_i,\eta_i))^{1-d_0}\\&\times(1-F(\gamma y_{i0}+x_{i1}'\beta+\eta_i))\\&\times F(x_{i2}'\beta+\eta_i)\times(1-F(\gamma+x_{i3}'\beta+\eta_i))^{1-d_3}\\&\times F(\gamma+x_{i3}'\beta+\eta_i)\end{aligned}\tag{4.3.17}$$

$$\begin{aligned}\Pr(B\mid x_i,\eta_i)=&P_0(x_i,\eta_i)^{d_0}(1-P_0(x_i,\eta_i))^{1-d_0}\\&\times F(\gamma y_{i0}+x_{i1}'\beta+\eta_i)\\&\times(1-F(\gamma+x_{i2}'\beta+\eta_i))\times(1-F(x_{i3}'\beta+\eta_i))^{1-d_3}\\&\times F(x_{i3}'\beta+\eta_i)^{d_3}\end{aligned}\tag{4.3.18}$$

类似式（4.2.35）的结论，我们也希望通过式（4.3.17）和式（4.3.18）来消除固定效应。但是在这里，我们使用式（4.3.17）和式（4.3.18）不能消除固定效应 η_i 。如果在式（4.3.17）和式（4.3.18）中增加 $x_{i2}'=x_{i3}'$ 这个条件，当 $d_3=0$ 时，有

$$\begin{aligned}&\frac{\Pr(A\mid x_i,\eta_i,x_{i2}'=x_{i3}')}{\Pr(B\mid x_i,\eta_i,x_{i2}'=x_{i3}')}\\&=\frac{1-F(\gamma y_{i0}+x_{i1}'\beta+\eta_i)}{1-F(x_{i2}'\beta+\eta_i)}\times\frac{F(x_{i2}'\beta+\eta_i)}{F(\gamma y_{i0}+x_{i1}'\beta+\eta_i)}\\&=\frac{1-F(\gamma y_{i0}+x_{i1}'\beta+\eta_i)}{1-F(\gamma d_3+x_{i2}'\beta+\eta_i)}\times\frac{F(\gamma d_3+x_{i2}'\beta+\eta_i)}{F(\gamma y_{i0}+x_{i1}'\beta+\eta_i)}\end{aligned}\tag{4.3.19}$$

当 $d_3=1$ 时，有

$$\begin{aligned}&\frac{\Pr(A\mid x_i,\eta_i,x_{i2}'=x_{i3}')}{\Pr(B\mid x_i,\eta_i,x_{i2}'=x_{i3}')}\\&=\frac{1-F(\gamma y_{i0}+x_{i1}'\beta+\eta_i)}{1-F(\gamma+x_{i2}'\beta+\eta_i)}\times\frac{F(\gamma+x_{i2}'\beta+\eta_i)}{F(\gamma y_{i0}+x_{i1}'\beta+\eta_i)}\\&=\frac{1-F(\gamma y_{i0}+x_{i1}'\beta+\eta_i)}{1-F(\gamma d_3+x_{i2}'\beta+\eta_i)}\times\frac{F(\gamma d_3+x_{i2}'\beta+\eta_i)}{F(\gamma y_{i0}+x_{i1}'\beta+\eta_i)}\end{aligned}\tag{4.3.20}$$

由于$F(\cdot)$是严格单调增的函数，有

$$\begin{aligned}&\frac{\Pr(A\mid x_i,\eta_i,x_{i2}'=x_{i3}')}{\Pr(B\mid x_i,\eta_i,x_{i2}'=x_{i3}')}>1\Leftrightarrow\gamma d_3+x_{i2}'\beta>\gamma y_{i0}+x_{i1}'\beta\\&\frac{\Pr(A\mid x_i,\eta_i,x_{i2}'=x_{i3}')}{\Pr(B\mid x_i,\eta_i,x_{i2}'=x_{i3}')}<1\Leftrightarrow\gamma d_3+x_{i2}'\beta<\gamma y_{i0}+x_{i1}'\beta\end{aligned}\tag{4.3.21}$$

因此，

$$\begin{aligned}&\operatorname{sgn}\left[\Pr\left(A\mid x_i,\eta_i,x_{i2}'=x_{i3}'\right)-\Pr\left(B\mid x_i,\eta_i,x_{i2}'=x_{i3}'\right)\right]\\&=\operatorname{sgn}\left[\gamma\left(d_3-y_{i0}\right)+\left(x_{i2}'-x_{i1}'\right)\beta\right]\\&=\operatorname{sgn}\left[\gamma\left(y_{i3}-y_{i0}\right)+\left(x_{i2}'-x_{i1}'\right)\beta\right]\end{aligned}\tag{4.3.22}$$

当$\Pr(x_{i2}'=x_{i3}')>0$时，Honore 和 Kyriazidou（2000）提出了最大得分估计量，即使

$$\sum_{i=1}^{N}K\left(\frac{x_{i2}'-x_{i3}'}{\sigma_N}\right)(y_{i2}-y_{i1})\operatorname{sgn}\left[\gamma\left(y_{i3}-y_{i0}\right)+\left(x_{i2}'-x_{i1}'\right)\beta\right]\tag{4.3.23}$$

达到最大，得到γ和β的估计，有关最大得分估计量相合性的讨论可以参见 Honore 和 Kyriazidou（2000）的研究，对渐近正态性的证明还是一个没有解决的问题。当然 Honore 和 Kyriazidou（2000）提出的条件 MLE 和最大得分估计量还可以推广到时间更长的面板，如对每个个体$T=4$，也可以推广到多于 1 个的滞后被解释变量作为解释变量的情形。

4.3.3　MMLE 方法

对于动态二元面板数据模型（4.3.1），用最大似然方法去求参数$\theta=(\gamma,\beta')'$的估计时，同样会遇到伴随参数问题。伴随参数问题会造成感兴趣参数θ的估计是有偏的。Cox 和 Reid（1987）对轮廓似然进行了一阶调整，因此降低了 MLE 偏倚的阶数而没有增加渐近方差。Cox 和 Reid（1987）的调整似然要求讨厌参数和感兴趣参数是信息正交的，从而限制了讨厌参数的影响。正交参数有时不存在，即使存在也不唯一，不同的重新参数化会导致不同的修正似然函数，因此 Cox-Reid 估计量或者不存在或者有很多。基于 Cox 和 Reid（1987）提出的修正似然，Arellano（2003）在原参数下给出了修正后的似然，研究了静态二元面板数据模型的参数估计问题，指出在信息正交重新参数化存在的假设下，通过修正似然得到的 MLE 能够降低 MLE 偏倚的阶数。Carro（2007）基于 Arellano（2003）提出的修正似然研究了动态二元面板数据模型（4.3.1），证明了在修正似然基础上求得的 MLE，即 MMLE 将 MLE 的偏倚的阶数从$O(T^{-1})$降为$O(T^{-2})$，同时没有增加渐近方差。为了介绍 MMLE，以第一个观测值为条件，可知动态二元面板数据

模型（4.3.1）的轮廓对数似然函数为

$$\sum_{i=1}^{N} l_i(\theta,\hat{\eta}_i)=\sum_{i=1}^{N}\sum_{i=1}^{T}[y_{it}\times\ln F_{it}+(1-y_{it})\times\ln(1-F_{it})] \tag{4.3.24}$$

其中，$F_{it}=F(\gamma y_{it-1}+x'_{it}\beta+\hat{\eta}_i)$，$F(\cdot)$ 为扰动项 ε_{it} 的分布函数；$\theta=(\gamma,\beta')'$。

在原参数下，修正后的轮廓对数似然函数为

$$l_M(\theta)=\sum_{i=1}^{N} l_{Mi}(\theta) \tag{4.3.25}$$

其中

$$l_{Mi}(\theta)=l_i(\theta,\hat{\eta}_i)-\frac{1}{2}\ln[-d_{\eta\eta i}(\theta,\hat{\eta}_i)]+\ln\left(\left.\frac{\partial\lambda_i}{\partial\eta_i}\right|_{\eta_i=\hat{\eta}_i}\right) \tag{4.3.26}$$

对于式（4.3.26），我们需要说明三点：第一，λ 是重新参数化后的参数，即将 (θ,η_i) 调整为 (θ,λ_i)，要求 θ 和 λ_i 是信息正交的，正交过程具体可以参见 Cox 和 Reid（1987）的研究；第二，$d_{\eta\eta i}(\theta,\eta_i)=\left.\frac{\partial^2 l_i(\theta,\eta_i)}{\partial\eta_i^2}\right|_{\eta_i=\hat{\eta}_i(\theta)}$；第三，$\hat{\eta}_i(\theta)$ 是由 η_i 的一阶条件得到的。

在式（4.3.26）的基础上求偏导，我们可知动态二元面板数据模型（4.3.1）修正后的得分函数是

$$\begin{aligned}\frac{\partial l_{M_i}(\theta)}{\partial\theta}=&\frac{\partial l_i(\theta,\hat{\eta}_i(\theta))}{\partial\theta}-\frac{1}{2}\frac{\partial}{\partial\theta}\ln[-d_{\eta\eta i}(\theta,\hat{\eta}_i(\theta))]\\&-\frac{\partial}{\partial\theta}\ln\left(\left.\frac{\partial\eta_i}{\partial\lambda_i}\right|_{\eta_i=\hat{\eta}_i(\theta)}\right)\end{aligned} \tag{4.3.27}$$

式（4.3.27）最后一项还是和正交参数 λ_i 有关，Carro（2007）给出了如下的修正后的得分方程

$$\begin{aligned}d_{\theta Mi}(\theta)=&\frac{\partial l_i(\theta,\hat{\eta}_i(\theta))}{\partial\theta}-\frac{1}{2}\frac{\partial}{\partial\theta}\ln[-d_{\eta\eta i}(\theta,\hat{\eta}_i(\theta))]\\&+\frac{\partial}{\partial\eta_i}\left.\left(\frac{E[d_{\theta\eta i}(\theta,\eta_i)]}{E[d_{\eta\eta i}(\theta,\eta_i)]}\right)\right|_{\eta_i=\hat{\eta}_i}\\=&0\end{aligned} \tag{4.3.28}$$

其中，$d_{\theta\eta i}(\theta,\eta_i)=\frac{\partial^2 l_i(\theta,\eta_i)}{\partial\theta\partial\eta_i}$；$d_{\eta\eta i}(\theta,\eta_i)=\frac{\partial^2 l_i(\theta,\eta_i)}{\partial\eta_i^2}$。通过理论推导可知，修正后的得分方程（4.3.28）与由 Cox-Reid 修正后似然式（4.3.26）得到的得分方程不是完全一致的，式（4.3.28）删除了一个偏倚校正无关的项，具体的推导过程可以参见 Arellano（2005）的研究。因此，θ 的 MMLE $\hat{\theta}_{\text{MMLE}}$ 满足：

$$d_{\theta Mi}(\hat{\theta}_{\text{MMLE}})=0 \tag{4.3.29}$$

即解修正后的得分方程（4.3.28）求得θ的值。

基于修正后的得分方程（4.3.28），Carro（2007）证明了当$T\to\infty$时，$\hat{\theta}_{\text{MMLE}}$是相合的并且是渐近正态分布的。在$T=4$时，滞后项系数$\gamma$模拟效果不好，偏倚很大，这主要是由于这个估计量不是固定T相合估计量；而在T=8,16 时，参数估计的模拟效果比较好，能够达到 Honore 和 Kyriazidou（2000）的模拟效果。另外，Carro（2007）提出的 MMLE 具有一般性，即 MMLE 不要求扰动项的分布是 Logistic 分布，并且允许带有时间虚拟变量。同时，该方法还可以应用到其他非线性面板数据模型中。

4.3.4　迭代 bootstrap 偏倚校正方法

Carro（2007）提出的方法是修正有偏的估计方程使之无偏，从而得到 MMLE。Yu 等（2012a）介绍另外一个偏倚校正方法，与 Carro（2007）不同，首先解这个有偏的估计方程，在没有任何修正的情况下得到θ的 MLE $\hat{\theta}_{\text{MLE}}$，之后使用迭代 bootstrap 方法调整这个有偏$\hat{\theta}_{\text{MLE}}$，从而得到$\theta$的一个 BCE $\tilde{\theta}_{\text{BCE}}$。基于$\hat{\theta}_{\text{MLE}}$得到的$\tilde{\theta}_{\text{BCE}}$是渐近无偏的和相合的。以第一个观测值为条件，$\hat{\theta}_{\text{MLE}}=(\hat{\gamma},\hat{\beta}')'$通过使轮廓对数似然函数

$$\sum_{i=1}^{N}l_i(\theta,\hat{\eta}_i(\theta))=\sum_{i=1}^{N}\sum_{i=1}^{T}[y_{it}\times\ln F_{it}+(1-y_{it})\times\ln(1-F_{it})] \tag{4.3.30}$$

达到最大得到。其中，$F_{it}=F(\gamma y_{it-1}+x_{it}'\beta+\hat{\eta}_i(\theta))$，对于给定的$\theta$，$\hat{\eta}_i(\theta)$是通过解一阶条件$\dfrac{\partial l_i(\theta,\eta_i)}{\partial\eta_i}$得到的。$\hat{\theta}_{\text{MLE}}$即解下面的得分方程得到：

$$\begin{aligned}&\frac{1}{NT}\sum_{i=1}^{N}\left\{d_{\theta i}(\theta,\hat{\eta}_i(\theta))+d_{\eta i}(\theta,\hat{\eta}_i(\theta))\frac{\partial\hat{\eta}_i(\theta)}{\partial\theta}\right\}\\&=\frac{1}{NT}\sum_{i=1}^{N}d_{\theta i}(\theta,\hat{\eta}_i(\theta))=0\end{aligned} \tag{4.3.31}$$

由于式（4.3.30）所对应的轮廓似然函数不是真的似然函数，所以通过式（4.3.31）求得的$\hat{\theta}_{\text{MLE}}$是有偏的估计量。Carro（2007）证明了若$N/T\to\infty,0<c<\infty$，则有

$$\sqrt{NT}(\hat{\theta}_{\text{MLE}}-\theta^*)\xrightarrow{d}N(0,\Lambda) \tag{4.3.32}$$

其中，$\theta^*=\theta-\dfrac{1}{T}H_{NT}^{-1}b_N\doteq g(\theta)$；$\Lambda=H_{NT}^{-1}V_{NT}(H_{NT}^{-1})'$；$b_N,H_{NT},V_{NT}$可以参见 Carro

（2007）中说明。为了说明问题方便，重写 $b_N = \frac{1}{N}\sum_{i=1}^{N} b_i$：

$$b_i = \frac{-1}{E[(1/T)d_{\eta\eta i}(\theta,\eta_i)]}\left(E\left[\frac{1}{T}d_{\theta\eta i}(\theta,\eta_i)d_{\eta i}(\theta,\eta_i)\right]+\frac{1}{2}E\left[\frac{1}{T}d_{\theta\eta\eta i}(\theta,\eta_i)\right]\right)$$

$$+E\left[\frac{1}{T}d_{\theta\eta i}(\theta,\eta_i)\right]\frac{E\left[\frac{1}{T}d_{\eta\eta i}(\theta,\eta_i)d_{\eta i}(\theta,\eta_i)\right]+\frac{1}{2}E\left[\frac{1}{T}d_{\eta\eta\eta i}(\theta,\eta_i)\right]}{E[(1/T)d_{\eta\eta i}(\theta,\eta_i)]^2} \quad (4.3.33)$$

$$H_{NT} = \frac{1}{NT}\sum_{i=1}^{N}\frac{\partial d_{\theta i}(\theta,\hat{\eta}_i(\theta))}{\partial\theta} \quad (4.3.34)$$

$$V_{NT} = \frac{1}{NT}\sum_{i=1}^{N}E_\theta[d_{\theta i}(\theta,\hat{\eta}_i(\theta))\ d_{\theta i}(\theta,\hat{\eta}_i(\theta))'] \quad (4.3.35)$$

通过式（4.3.32）可知，$\hat{\theta}_{\text{MLE}}$ 是有偏的估计量，它的渐近偏倚是

$$b(\theta) = -\frac{1}{T}H_{NT}^{-1}b_N = \theta^* - \theta = g(\theta) - \theta \quad (4.3.36)$$

虽然这个渐近偏倚的形式是已知的，但是非常复杂。我们将使用 Kuk（1995）提出的迭代 bootstrap 方法来求得校正的估计量。为了说明方便，我们回顾偏倚校正方法，其实它和 McCullagh 和 Tibshirani（1990）提出的调整有偏估计方程使之无偏的方法是有联系的，详细讨论参见 Kuk（1995）的研究。一个很自然的偏倚校正方法如下。令 $b^{(0)}$ 是 $\hat{\theta}_{\text{MLE}}$ 偏倚的初始估计。$\hat{\theta}_{\text{MLE}}$ 偏倚的第 $k+1$ 步更新估计可以写为

$$b^{(k+1)} = g(\hat{\theta}_{\text{MLE}} - b^{(k)}) - (\hat{\theta}_{\text{MLE}} - b^{(k)}) \quad (4.3.37)$$

则 θ 的第 $k+1$ 步更新的偏倚校正估计可以表示为

$$\tilde{\theta}_{\text{BCE}}^{(k+1)} = (\hat{\theta}_{\text{MLE}} - b^{(k+1)}) \quad (4.3.38)$$

假设 $b^{(k)}$ 的极限存在，在式（4.3.37）中令 $k\to\infty$，有

$$b = g(\tilde{\theta}_{\text{BCE}}) - (\hat{\theta}_{\text{MLE}} - b) \quad (4.3.39)$$

因此

$$\tilde{\theta}_{\text{BCE}} = g^{-1}(\hat{\theta}_{\text{MLE}}) \quad (4.3.40)$$

如果 $g(\cdot)$ 是一对一的并且是可微的，根据式（4.3.32）并且使用 δ 方法，当 $N/T\to\infty, 0<c<\infty$ 时，有

$$\sqrt{NT}(\tilde{\theta}_{\text{BCE}} - \theta)\xrightarrow{d}N(0, D\Lambda D') \quad (4.3.41)$$

其中，$D = \frac{\mathrm{d}g^{-1}(\theta)}{\mathrm{d}\theta}|_{\theta=\theta^*}$。从而由式（4.3.40）定义的 $\tilde{\theta}_{\text{BCE}}$ 是渐近无偏的和相合的。函数 $g(\theta)=\theta^*$ 没有精确的表达，一般来说它是一个非常复杂的积分。

由式（4.3.32）可知，$g(\theta)=\theta^*$ 是 $\hat{\theta}_{\text{MLE}}$ 的渐近均值，为了算法的实现，我们使用 $g_M(\theta)$ 去逼近 $g(\theta)$，其中 $g_M(\theta)$ 是基于模拟样本得到 $\hat{\theta}_{\text{MLE}}$ 后再取平均得到的。$g_M(\theta)$ 可以写为

$$g_M(\theta)=\frac{1}{M}\sum_{i=1}^{M}\hat{\theta}_{\text{MLE}}(y_i) \tag{4.3.42}$$

其中，$y_1,y_2,\cdots,y_M$ 是在模型中参数为 θ 和 $\hat{\eta}_i(\theta),i=1,\cdots,N$ 时模拟出来的。

将式（4.3.37）和式（4.3.38）中 $g(\theta)$ 替换为 $g_M(\theta)$，把

$$b_M^{(k+1)}=g_M(\hat{\theta}_{\text{MLE}}-b_M^{(k)})-(\hat{\theta}_{\text{MLE}}-b_M^{(k)}) \tag{4.3.43}$$

作为第 $k+1$ 步 $\hat{\theta}_{\text{MLE}}$ 的偏倚的 bootstrap 估计，另外把

$$\tilde{\theta}_{\text{BCE}}^{(k+1)}=(\hat{\theta}_{\text{MLE}}-b_M^{(k+1)}) \tag{4.3.44}$$

作为 θ 的更新的 bootstrap 迭代偏倚校正估计量。

为了说明本书提出的 BCE 的有效性，下面进行模拟比较。

模拟基于如下的动态 Logit 模型：

$$\begin{cases} y_{i0}=I(x_{i0}\beta+\eta_i+\varepsilon_{i0}\geqslant 0) \\ y_{it}=I(\gamma y_{it-1}+x_{it}\beta+\eta_i+\varepsilon_{it}\geqslant 0) \end{cases} \quad i=1,\cdots,N;t=1,\cdots,T \tag{4.3.45}$$

其中，x_{it} 是严格局外变量并且独立同分布于正态分布 $N(0,\pi^2/3)$；扰动项 ε_{it} 独立同分布于 Logistic 分布 $P\{\varepsilon_{it}<x\}=F(x)=\mathrm{e}^x\big/\left(1+\mathrm{e}^x\right)$，固定效应产生于 $\eta_i=\sum_{t=0}^{3}x_{it}/4$。

我们首先主要报告 $\hat{\theta}_{\text{MLE}}$ 和 $\tilde{\theta}_{\text{BCE}}$ 的均值、中位数、SD、Bias、MAE，每个设计模拟 100 次，详细结果见表 4.5。如果模型（4.3.45）中没有 $x_{it}\beta$ 这一项，得到的模型是仅滞后被解释变量作为解释变量，基于这个简单的动态二元面板数据模型，我们进行数值模拟，见表 4.6。

Yu 等（2012a）提出了一种偏倚校正方法，该方法不是修正有偏的得分方程，而是解这个有偏的得分方程，得到有偏的 MLE，之后使用迭代 bootstrap 方法来调整这个有偏的 MLE。首先，我们根据模型（4.3.45）所对应的轮廓对数似然来求得有偏的 $\hat{\theta}_{\text{MLE}}$。求得 $\hat{\theta}_{\text{MLE}}$ 也是一个很重要的问题，这种含有两类参数的对数似然函数不是全局上凸函数，因此求解 θ 的 MLE 需要特殊的方法。Carro（2007）提到了一个求解方法，Yu 等（2012a）也提到了一个求解方法——交替迭代算法，该方法更容易计算，介绍如下。

如果参数 γ 和 β 给定，根据 η_i 的一阶条件，$\dfrac{\partial l_i(\theta,\eta_i)}{\partial\eta_i}=\sum_{t=1}^{T}(y_{it}-F_{it})$，则 η_i 的 MLE 即解如下的方程：

$$\sum_{t=1}^{T} y_{it} = \sum_{t=1}^{T} F\left(\gamma y_{it-1} + x_{it}\beta + \eta_i\right) \tag{4.3.46}$$

根据式（4.3.46），满足$\sum_{t=1}^{T} y_{it} = 0$或$\sum_{t=1}^{T} y_{it} = T$的观测值都要排除，所以在估计时要损失一些样本。

表 4.5 不同 T 值的 Logit 设计 Ⅰ（ N =250）

估计值		T	均值	中位数	SD	Bias	MAE
Design I β =1.0 γ =0.5	$\hat{\beta}_{\text{MLE}}$	8	1.244	1.244	0.073	0.244	0.244
		16	1.097	1.091	0.040	0.091	0.091
	$\hat{\gamma}_{\text{MLE}}$	8	−0.129	−0.118	0.157	−0.618	0.618
		16	0.223	0.236	0.099	−0.263	0.263
	$\tilde{\beta}_{\text{BCE}}$	8	1.005	1.007	0.053	0.007	0.037
		16	1.001	1.003	0.042	0.003	0.022
	$\tilde{\gamma}_{\text{BCE}}$	8	0.490	0.479	0.145	−0.020	0.089
		16	0.509	0.523	0.101	0.023	0.065
Design I β =1.0 γ =2.0	$\hat{\beta}_{\text{MLE}}$	8	1.247	1.245	0.089	0.245	0.245
		16	1.112	1.109	0.046	0.109	0.109
	$\hat{\gamma}_{\text{MLE}}$	8	1.431	1.439	0.179	−0.560	0.560
		16	1.734	1.730	0.134	−0.269	0.269
	$\tilde{\beta}_{\text{BCE}}$	8	0.987	0.986	0.068	−0.013	0.046
		16	1.002	0.996	0.041	−0.003	0.026
	$\tilde{\gamma}_{\text{BCE}}$	8	1.950	1.950	0.168	−0.049	0.121
		16	1.993	1.996	0.132	−0.003	0.072

如果固定效应η_i是给定的，则θ的 MLE 可以通过θ的一阶条件获得，即通过 Newton-Raphson 算法解得下面的方程组来求γ和β的估计。

$$\begin{cases} \sum_{i=1}^{N} \dfrac{\partial l_i\left(\gamma, \beta, \eta_i\right)}{\partial \gamma} = \sum_{i=1}^{N}\sum_{t=1}^{T} y_{it-1}\left(y_{it} - F\left(\gamma y_{it-1} + x_{it}\beta + \eta_i\right)\right) = 0 \\ \sum_{i=1}^{N} \dfrac{\partial l_i\left(\gamma, \beta, \eta_i\right)}{\partial \beta} = \sum_{i=1}^{N}\sum_{t=1}^{T} x_{it}\left(y_{it} - F\left(\gamma y_{it-1} + x_{it}\beta + \eta_i\right)\right) = 0 \end{cases} \tag{4.3.47}$$

基于上面的考虑，我们提出了一个交替迭代算法来求θ和η_i的最大似然估计，算法如下。

第 0 步，给定初值$\theta^{(0)}$，将它代入式（4.3.46），求得$\eta_i^{(0)}, i = 1, \cdots, N$。

第（n，1）步，将给定的$\eta_i^{(n-1)}$代入式（4.3.47），求得$\theta^{(n)}, i=1,\cdots,N$。

第（n，2）步，将给定$\theta^{(n)}$代入式（4.3.46），求得$\eta_i^{(n)}, i=1,\cdots,N$。

对于$n\geqslant 1$，上面的算法表明模型（4.3.25）对应的对数似然函数满足：

$$l\left(\theta^{(n)},\eta^{(n-1)}\right)\leqslant l\left(\theta^{(n)},\eta^{(n)}\right)\leqslant l\left(\theta^{(n+1)},\eta^{(n)}\right) \tag{4.3.48}$$

其中，$\eta^{(n)}=\left(\eta_1^{(n)},\cdots,\eta_N^{(n)}\right)$。在第（$n$，1）步，如果$\left\|\theta^{(n+1)}-\theta^{(n)}\right\|\leqslant 10^{-3}$，则停止计算。上面的求$\theta$和$\eta_i$的 MLE 的算法是收敛的，具体可以参见第 3 章的详细讨论。Sargan（1964）也提出过交替迭代算法，但是他没有讨论该算法的收敛性问题；Shi 等（2008）研究了交替迭代算法的收敛性问题。

表 4.6　不同 T 值的 Logit 设计 Ⅱ（N =250）

估计值		T	均值	中位数	SD	Bias	MAE
Design I γ =0.5	$\hat{\gamma}_{\text{MLE}}$	4	−0.991	−0.966	0.224	−1.446	1.446
		8	−0.140	−0.146	0.120	−0.646	0.646
		16	0.178	0.174	0.077	−0.325	0.325
	$\tilde{\gamma}_{\text{BCE}}$	4	0.471	0.498	0.213	−0.001	0.141
		8	0.524	0.515	0.130	0.015	0.090
		16	0.497	0.491	0.081	−0.008	0.057
Design I γ =2.0	$\hat{\gamma}_{\text{MLE}}$	4	0.398	0.393	0.251	−1.606	1.606
		8	1.158	1.149	0.136	−0.850	0.850
		16	1.564	1.575	0.086	−0.424	0.424
	$\tilde{\gamma}_{\text{BCE}}$	4	1.855	1.862	0.269	−0.137	0.233
		8	1.949	1.942	0.157	−0.057	0.103
		16	2.000	2.000	0.097	0.004	0.068

首先，使用 bootstrap 方法（式（4.3.42）~式（4.3.44））来调整有偏的$\hat{\theta}_{\text{MLE}}$，得到$\tilde{\theta}_{\text{BCE}}$。

表 4.5 中的$\tilde{\theta}_{\text{BCE}}=(\tilde{\gamma}_{\text{BCE}},\tilde{\beta}_{\text{BCE}})$和表 4.6 中的$\tilde{\gamma}_{\text{BCE}}$是通过式(4.3.43)和式(4.3.44)分别调整$\hat{\theta}_{\text{MLE}}$和$\hat{\gamma}_{\text{MLE}}$得来的。令初始值为$b^{(0)}=0$，因此，$\tilde{\theta}_{\text{BCE}}^{(0)}=\hat{\theta}_{\text{MLE}}$，$\tilde{\gamma}_{\text{BCE}}^{(0)}=\hat{\gamma}_{\text{MLE}}$。为了节省计算，令$M$ =10。为了节省空间，表 4.5 仅汇报了个体N =250、时间T=8,16 时的模拟结果，而表 4.6 汇报了个体N =250、时间T=4,8,16 时的模拟结果。从表 4.5 和表 4.6 可以发现，在两个设计中，$\hat{\theta}_{\text{MLE}}$和$\hat{\gamma}_{\text{MLE}}$有很大的偏倚，这主要由似然函数$l_i(\theta,\eta_i)$中的$\eta_i$被$\hat{\eta}_i(\theta)$替换所致。而$\tilde{\theta}_{\text{BCE}}$和$\tilde{\gamma}_{\text{BCE}}$几乎是无偏的。这两个模拟结果说明了本书基于 MLE 提出的 BCE 是有效的。

为了更进一步说明 BCE 的有效性，除了与 MLE 比较，还要将其与 Honore

和 Kyriazidou（2000）、Carro（2007）提出的方法进行比较，详见表 4.7~表 4.13。为了方便说明，由 Honore 和 Kyriazidou（2000）提出的条件方法记为 HK，而由 Carro（2007）提出的修正似然的方法记为 MMLE。为了与 HK、MMLE 做模拟比较，在表 4.7~表 4.9 中，对每个设计都做 1000 次模拟，并且只报告各估计量的 Bias 和 MAE。

从表 4.7 可以看出，与 MLE 相比较，BCE 的偏倚的确降了很多，$\tilde{\beta}_{\mathrm{BCE}}$ 的 Bias 和 MAE 比 HK 与 MMLE 要大；$\tilde{\gamma}_{\mathrm{BCE}}$ 的 Bias 和 MAE 比 MMLE 要小。另外，本书提出的 BCE 和 Carro 提出的 MMLE 不像 Honore 和 Kyriazidou 提出的 HK，随着 N 的增大，后者模拟效果更好。

表 4.7　不同 N 值的 Logit 设计（γ=0.5，β=1，T=4）

方法	N=250				N=500			
	$\hat{\beta}$		$\hat{\gamma}$		$\hat{\beta}$		$\hat{\gamma}$	
	Bias	MAE	Bias	MAE	Bias	MAE	Bias	MAE
MLE	0.638	0.638	−1.573	1.573	0.622	0.622	−1.562	1.562
MMLE	−0.054	0.068	−0.554	0.554	−0.053	0.055	−0.543	0.543
HK	0.076	0.154	−0.039	0.403	0.044	0.113	−0.052	0.256
BCE	0.134	0.283	−0.049	0.352	0.148	0.206	−0.085	0.251

从表 4.8 可以看出，与 MMLE 相比较，BCE 大大降低了估计量的偏倚。当 γ=0.5 时，BCE 和 HK 相似；当 γ=2.0 时，BCE 比 HK 和 MMLE 要好。

表 4.8　不同 γ 值的 Logit 设计（β=1，T=8，N=250）

方法	γ=0.5				γ=2.0			
	$\hat{\beta}$		$\hat{\gamma}$		$\hat{\beta}$		$\hat{\gamma}$	
	Bias	MAE	Bias	MAE	Bias	MAE	Bias	MAE
MLE	0.226	0.226	−0.613	0.613	0.258	0.258	−0.512	0.512
MMLE	0.012	0.039	−0.106	0.127	0.019	0.045	−0.226	0.227
HK	0.014	0.050	−0.053	0.131	0.016	0.064	−0.195	0.227
BCE	−0.009	0.070	0.010	0.157	−0.015	0.083	−0.042	0.194

从表 4.9 可以看出，当 T=16 时，MLE 仍然有很大的偏倚。当 γ=0.5 时，BCE、HK、MMLE 相似，都很好地降低了估计量的偏倚；当 γ=2.0 时，BCE 和 MMLE 相似，它们都比 HK 要好。

表 4.9　不同 γ 值的 Logit 设计（β=1，T=16，N=250）

方法	γ =0.5				γ =2.0			
	$\hat{\beta}$		$\hat{\gamma}$		$\hat{\beta}$		$\hat{\gamma}$	
	Bias	MAE	Bias	MAE	Bias	MAE	Bias	MAE
MLE	0.094	0.094	−0.276	0.276	0.111	0.111	−0.264	0.264
MMLE	0.005	0.023	−0.022	0.067	0.006	0.027	−0.044	0.084
HK	0.005	0.029	−0.053	0.074	−0.003	0.034	−0.200	0.201
BCE	−0.004	0.036	0.011	0.094	−0.004	0.044	0.005	0.118

从表 4.7~表 4.9 中的模拟结果可以看出，本书提出的 BCE 与 Carro 提出的 MMLE 非常相似。这主要是因为本书提出的 BCE 与 McCullagh 和 Tibshirani 提出的调整轮廓似然是有联系的，详细讨论可以参见 Kuk（1995）的研究。

对于动态二元面板数据模型的参数估计问题，本书提出的 BCE 具有一般性，即它不仅仅局限于 ε_{it} 的分布是 Logistic 分布。本书提出的 BCE 能够应用到动态的 Probit 模型，即在动态二元面板数据模型（4.3.1）中假定 ε_{it} 服从正态分布。当 ε_{it} 服从正态分布时，对于不同的 N,T,γ，表 4.10~表 4.13 报告了 Probit 模型中参数 γ 和 β 的估计的 Bias 和 MAE。模拟结果表明，即使在 T =16 时，Probit 模型的 MLE 也有很大的偏倚。这些模拟结果与 Logit 模型的模拟结果相似，BCE 的纠偏效果很好。

表 4.10　不同 N 值的 Probit 设计（γ=0.5，T=4，β=0.5）

方法	N =250				N =500			
	$\hat{\beta}$		$\hat{\gamma}$		$\hat{\beta}$		$\hat{\gamma}$	
	Bias	MAE	Bias	MAE	Bias	MAE	Bias	MAE
MLE	0.243	0.243	−1.628	1.628	0.243	0.243	−1.622	1.622
BCE	−0.002	0.100	−0.031	0.268	−0.010	0.074	−0.056	0.209

注：$y_{it}=I(\gamma y_{it-1}+x_{it}\beta+\eta_i+\varepsilon_{it}\geqslant 0)$，$\eta_i=\frac{1}{4}\sum_{t=1}^{4}x_{it}$，$x_{it}\sim N(0,\pi^2/3)$，$\varepsilon_{it}\sim N(0,\pi^2/3)$

表 4.11　不同 γ 值的 Probit 设计（β=0.5，T=8，N=250）

方法	γ = 0.5				γ = 2.0			
	$\hat{\beta}$		$\hat{\gamma}$		$\hat{\beta}$		$\hat{\gamma}$	
	Bias	MAE	Bias	MAE	Bias	MAE	Bias	MAE
MLE	0.087	0.087	−0.699	0.699	0.112	0.112	−0.753	0.753
BCE	−0.009	0.044	0.008	0.136	−0.011	0.054	−0.043	0.159

注：$y_{it}=I(\gamma y_{it-1}+x_{it}\beta+\eta_i+\varepsilon_{it}\geqslant 0)$，$\eta_i=\frac{1}{4}\sum_{t=1}^{4}x_{it}$，$x_{it}\sim N(0,\pi^2/3)$，$\varepsilon_{it}\sim N(0,\pi^2/3)$

表 4.12　不同 γ 值的 Probit 设计（β=0.5，T=10，N=250）

方法	$\gamma=0.5$				$\gamma=2.0$			
	$\hat{\beta}$		$\hat{\gamma}$		$\hat{\beta}$		$\hat{\gamma}$	
	Bias	MAE	Bias	MAE	Bias	MAE	Bias	MAE
MLE	0.064	0.064	−0.544	0.544	0.087	0.087	−0.612	0.612
BCE	−0.005	0.037	0.015	0.120	−0.003	0.046	−0.034	0.138

注：$y_{it}=I(\gamma y_{it-1}+x_{it}\beta+\eta_i+\varepsilon_{it}\geqslant 0)$，$\eta_i=\frac{1}{4}\sum_{t=1}^{4}x_{it}$，$x_{it}\sim N(0,\pi^2/3)$，$\varepsilon_{it}\sim N(0,\pi^2/3)$

表 4.13　不同 γ 值的 Probit 设计（β=0.5，T=16，N=250）

方法	$\gamma=0.5$				$\gamma=2.0$			
	$\hat{\beta}$		$\hat{\gamma}$		$\hat{\beta}$		$\hat{\gamma}$	
	Bias	MAE	Bias	MAE	Bias	MAE	Bias	MAE
MLE	0.036	0.037	−0.331	0.331	0.046	0.046	−0.390	0.390
BCE	0.000	0.026	0.009	0.091	−0.005	0.030	−0.006	0.108

注：$y_{it}=I(\gamma y_{it-1}+x_{it}\beta+\eta_i+\varepsilon_{it}\geqslant 0)$，$\eta_i=\frac{1}{4}\sum_{t=1}^{4}x_{it}$，$x_{it}\sim N(0,\pi^2/3)$，$\varepsilon_{it}\sim N(0,\pi^2/3)$

对于非线性面板数据模型参数估计，调整 MLE 使之无偏的方法除了迭代 bootstrap 偏倚校正方法，Hahn 和 Newey（2004）、Hahn 和 Kuersteiner（2002）、Dhaene 和 Jochmans（2015）等提出的方法也可以应用到动态二元面板数据模型参数估计问题中。Bester 和 Hansen（2009）提出的方法属于调整目标函数的方法。Bartolucci 和 Nigro（2010）对于二元面板数据提出了二次指数模型，将其与动态 Logit 二元面板数据模型进行比较，并且讨论了主要性质。另外，他们提出的方法计算估计量时要比 Honore 和 Kyriazidou（2000）简单得多，模拟结果显示其具有很好的有限样本性质。

4.4　带有随机效应的动态二元面板数据模型

本节主要考虑带有随机效应的动态 Probit 面板数据模型的参数估计问题。假定个体效应为随机变量，即模型为

$$y_{it}=I(\gamma y_{it-1}+x_{it}'\beta+\eta_i+\varepsilon_{it}>0),\ i=1,\cdots,N,t=1,\cdots,T \tag{4.4.1}$$

其中，$I(\cdot)$是示性函数，即若·为真则$I(\cdot)$为 1，否则$I(\cdot)$为 0；y_{it}是可观测的被解释变量；x_{it}是严格局外的解释变量；η_i是随机效应，其独立同分布于未知分布

$F(x)$，$F'(x)=f(x)=\frac{1}{\sigma_\eta}h\left(\frac{x-\mu_\eta}{\sigma_\eta}\right)$，这里$h(\cdot)$是均值为 0、方差为 1 的概率密度函数，并在 0 处连续，$h(0)$是有限的；随机扰动项ε_{it}独立同分布于标准正态分布$\Phi(x)$；γ和β是感兴趣的待估参数。假定初值y_{i0}是可观测的。

随机效应 Probit 面板数据模型（4.4.1）的似然函数为

$$L=\prod_{i=1}^{N}\int\prod_{t=1}^{T}\Phi\{(\gamma y_{it-1}+x_{it}'\beta+\eta)(2y_{it}-1)\}\mathrm{d}F(\eta) \tag{4.4.2}$$

这个似然函数是要把η_i消去，详细讨论见 Heckman（1981a）和 Hsiao（2014）的相关研究。然而，基于似然函数（4.4.2），使用 MLE 方法去求模型（4.4.1）的参数估计问题，当$T\geqslant 3$时需要使用高维积分。Hyslop（1999）使用模拟方法解决了高维积分计算问题，其他解决高维积分计算问题的方法可见 Wooldridge（2005）、Arellano 和 Carrasco（2003）的研究。Gao 等（2017）提出了一个避免高维积分的新方法，但是该方法仅考虑$T=2$。本书把 Gao 等（2017）的新方法推广到$T\geqslant 3$的情况，这完善了其结果。

在$y_{it-1}=0$条件下，我们考虑如下的条件概率：

$$P(y_{it}=1,y_{it+1}=0\mid y_{it}+y_{it+1}=1,x_{it}',x_{it+1}',\eta_i) \tag{4.4.3}$$

$$=\frac{\int\Phi(x_{it}'\beta+\eta)\Phi(-\gamma-x_{it+1}'\beta-\eta)f(\eta)\mathrm{d}\eta}{\int\Phi(x_{it}'\beta+\eta)\Phi(-\gamma-x_{it+1}'\beta-\eta)f(\eta)\mathrm{d}\eta+\int\Phi(-x_{it}'\beta-\eta)\Phi(x_{it+1}'\beta+\eta)f(\eta)\mathrm{d}\eta}$$

$i=1,\cdots,N,\quad t=1,\cdots,T-1$

这和 Hsiao（2014）的研究相似。

一般来说，条件概率$P(y_{it}=1,y_{it+1}=0\mid y_{it}+y_{it+1}=1,x_{it}',x_{it+1}',\eta_i)$不能直接用来构造似然函数。为了在一定条件下基于式（4.4.3）来求得似然函数，回顾 Gao 等（2017）提出的引理和定理。

【引理 4.4.1】　如果$f(x)=\frac{1}{\sigma_\eta}h\left(\frac{x-\mu_\eta}{\sigma_\eta}\right)$，这里$h(\cdot)$是均值为 0、方差为 1 的概率密度函数，并在 0 处连续，$h(0)$是有限的，则有

$$\int\Phi(x)\Phi(-x-z)f(x)\mathrm{d}x=f(\mu_\tau)\int\Phi(x)\Phi(-x-z)\mathrm{d}x+o(\sigma_\tau^{-1})$$

和

$$\int\Phi(-x)\Phi(x)f(x)\mathrm{d}x=f(\mu_\tau)\int\Phi(-x)\Phi(x)\mathrm{d}x+o(\sigma_\tau^{-1})$$

【引理 4.4.2】　$\int\Phi(-x)\Phi(x+z)\mathrm{d}x=z\Phi\left(\frac{z}{\sqrt{2}}\right)+\frac{1}{\sqrt{\pi}}\exp\left(-\frac{z^2}{4}\right)$。

【定理 4.4.1】 如果 $f(x)=\frac{1}{\sigma_\eta}h\left(\frac{x-\mu_\eta}{\sigma_\eta}\right)$，这里 $h(\cdot)$ 是均值为 0、方差为 1 的概率密度函数，并在 0 处连续，$h(0)$ 是有限的，则有

$$\begin{aligned}\lim_{\sigma_\eta\to\infty}\frac{\int\Phi(x)\Phi(-x-z)f(x)\mathrm{d}x}{\int\Phi(-x)\Phi(x)f(x)\mathrm{d}x}&=\frac{\int\Phi(x)\Phi(-x-z)\mathrm{d}x}{\int\Phi(-x)\Phi(x)\mathrm{d}x}\\&=-\sqrt{\pi}z\Phi\left(-\frac{z}{\sqrt{2}}\right)+\exp\left(-\frac{z^2}{4}\right)\\&\doteq G(z)\end{aligned}$$

因此，在 $y_{it-1}=0$ 条件下，根据定理 4.4.1，在式（4.4.3）基础上可以求得

$$\begin{aligned}&\lim_{\sigma_\eta\to\infty}P(y_{it}=1,y_{it+1}=0\mid y_{it}+y_{it+1}=1,x'_{it},x'_{it+1},\eta_i)\\&=\frac{G(\gamma+(x'_{it+1}-x_{it})\beta)}{G(\gamma+(x'_{it+1}-x_{it})\beta)+G(-(x'_{it+1}-x_{it})\beta)}\\&\qquad i=1,\cdots,N,\quad t=1,\cdots,T-1\end{aligned}\tag{4.4.4}$$

式（4.4.4）不依赖随机效应 η_i，这里不需要使用积分来消除 η_i。为了表达方便，令

$$\frac{G(\gamma+(x'_{it+1}-x_{it})\beta)}{G(\gamma+(x'_{it+1}-x_{it})\beta)+G(-(x'_{it+1}-x_{it})\beta)}=p_{it}\tag{4.4.5}$$

因此，在 $y_{it-1}=0$ 条件下，估计参数 γ 和 β 可以通过使对数似然估计函数

$$\ln L(\gamma,\beta)=\sum_{i=1}^{N}\sum_{t=1}^{T-1}I(y_{it}+y_{it+1}=1)\ln[p_{it}^{I(y_{it}=1,y_{it+1}=0)}(1-p_{it})^{I(y_{it}=0,y_{it+1}=1)}]\tag{4.4.6}$$

达到最大。这个估计结果的渐近性质和 Gao 等（2017）研究的相似。

注意：本书把 Gao 等（2017）的结果推广到 $T\geqslant 3$ 情况，即使用样本 $y_{it-1},y_{it},y_{it+1},i=1,\cdots,N,t=1,\cdots,T-1$，其估计量使用 $y_{it-1},y_{it},i=1,\cdots,N,t=1,\cdots,T-1$。为了估计 γ 和 β，首先删除 $y_{it-1}=1$ 的样本，其次删除 $y_{it}+y_{it+1}=0$ 或者 2 的样本。

为了说明本书提出的估计方法的有效性，下面进行模拟研究。模拟的数据产生于随机效应动态 Probit 模型：

$$\begin{cases}y_{i0}=I(x_{i0}\beta+\eta_i+\varepsilon_{i0}\geqslant 0)\\y_{it}=I(\gamma y_{it-1}+x_{it}\beta+\eta_i+\varepsilon_{it}\geqslant 0)\quad,i=1,\cdots,N;t=1,\cdots,T\end{cases}\tag{4.4.7}$$

其中，参数真值 β=1.0, $\gamma\in\{0.5,1.0\}$；x_{it} 是严格局外变量，并且独立同分布于 $N\left(0,\frac{\pi^2}{3}\right)$；$\varepsilon_{it}$ 独立同分布于标准正态分布 $N(0,1)$；随机效应 η_i 来源于正态分布 $N(0,\sigma_\eta^2)$，$\sigma_\eta^2\in\{1,3,6\}$。对于不同的 N 和 T，我们做 1000 次模拟，并且汇报其

Bias 和 MAE，这主要是由于 Bias 和 MAE 比较稳健。

根据式（4.4.6），参数γ和β估计的模拟结果列在表 4.14 中。从表 4.14 可以看出，当N和T增大时，估计结果有了很大的提高。γ越大，y_{it}的相关性越大，估计结果越差。通过模拟可以看出，随着γ增大，偏倚变大。详细讨论可以参见 Yu 等（2018）的相关研究。

表 4.14　随机效应动态 Probit 面板数据模型参数估计模拟结果

σ_η^2	N	T	$\gamma=0.5$				$\gamma=1.0$			
			$\hat{\beta}$		$\hat{\gamma}$		$\hat{\beta}$		$\hat{\gamma}$	
			Bias	MAE	Bias	MAE	Bias	MAE	Bias	MAE
1.0	250	3	0.090	0.200	−0.043	0.348	0.124	0.222	0.007	0.426
		6	0.016	0.109	−0.021	0.195	0.033	0.130	−0.043	0.238
		12	0.003	0.076	−0.025	0.124	0.002	0.088	−0.051	0.163
	500	3	0.024	0.129	−0.053	0.228	0.071	0.155	−0.093	0.262
		6	0.004	0.077	−0.044	0.132	0.022	0.090	−0.070	0.162
		12	0.002	0.055	−0.030	0.090	−0.002	0.057	−0.046	0.114
	1000	3	0.023	0.088	−0.084	0.162	0.038	0.100	−0.105	0.197
		6	−0.002	0.053	−0.038	0.097	0.005	0.062	−0.065	0.126
		12	−0.010	0.039	−0.034	0.067	−0.002	0.041	−0.052	0.087
3.0	250	3	0.107	0.218	−0.051	0.384	0.188	0.270	−0.015	0.521
		6	0.030	0.127	−0.070	0.236	0.047	0.144	−0.072	0.252
		12	0.014	0.090	−0.047	0.145	0.023	0.094	−0.092	0.183
	500	3	0.064	0.147	−0.063	0.245	0.069	0.165	−0.095	0.303
		6	0.021	0.084	−0.067	0.163	0.033	0.102	−0.099	0.191
		12	0.005	0.056	−0.054	0.103	0.015	0.068	−0.100	0.143
	1000	3	0.023	0.100	−0.093	0.183	0.046	0.112	−0.139	0.227
		6	0.004	0.060	−0.065	0.114	0.017	0.067	−0.114	0.147
		12	−0.002	0.041	−0.055	0.081	0.009	0.043	−0.089	0.105
6.0	250	3	0.166	0.261	−0.061	0.480	0.284	0.337	0.042	0.639
		6	0.067	0.146	−0.055	0.256	0.084	0.174	−0.104	0.316
		12	0.016	0.091	−0.071	0.171	0.035	0.109	−0.107	0.212
	500	3	0.071	0.177	−0.070	0.295	0.113	0.191	−0.069	0.357
		6	0.029	0.098	−0.075	0.179	0.061	0.114	−0.137	0.233
		12	0.016	0.065	−0.060	0.119	0.019	0.067	−0.108	0.164
	1000	3	0.028	0.109	−0.088	0.197	0.054	0.125	−0.126	0.235
		6	0.019	0.065	−0.065	0.126	0.036	0.081	−0.118	0.155
		12	0.011	0.044	−0.069	0.098	0.019	0.050	−0.115	0.132

第 5 章　截面相关的面板数据模型及其参数估计

前面介绍的面板数据模型假定个体之间是独立的。在经济研究中，有些问题的个体之间是不独立的。考虑如下的模型：

$$y_{it} = x'_{it}\beta + u_{it},\ i = 1, 2, \cdots, N,\ t = 1, 2, \cdots, T$$

其中，y_{it} 是可观测的变量；x_{it} 是回归向量；β 是待估参数；u_{it} 是截面相关的误差项。u_{it} 是截面相关的，即满足：

$$\mathrm{cov}(u_{it}, u_{jt}) \neq 0\text{，对于某些 } t \text{ 和某些 } i \neq j$$

其中，(u_{it}, u_{jt}) 不相关的数目会随着 N 增大而增大。如果模型中存在截面相关问题，但是忽略了相关性，继续使用固定效应或随机效应模型来分析会导致错误推断或不相合的估计，这主要依赖截面相关性的程度。

5.1　弱和强截面相关

面板残差的相关性程度检验问题和为截面相关性问题建模是非常重要的研究问题。理解好截面相关程度是面板数据分析的前提。根据以往的文献，本节介绍弱和强的截面相关性。

如果对每个 $i, j > 0$，当 $N \to \infty$ 时，$\{\sigma_{ij,t},\ j \neq i\}$ 绝对收敛到

$$\sum_{j \neq i} |\sigma_{ij,t}| < \infty\text{，对于所有的 } t \qquad (5.1.1)$$

其中，$\sigma_{ij,t} = \mathrm{cov}(u_{it}, u_{jt})$，则我们称该序列是弱截面相关的。类似地，如果该序列不是绝对收敛的，则我们称其为强截面相关的。详细的讨论可参见 Sarafidis（2009）、Bailey 等（2016）的相关研究。

时间序列模型中存在自然序，处理扰动项的相关性通过时间来测度。与时间序列模型不同，面板数据模型中个体之间不存在自然序，因此有许多方法来处理截面相关问题。空间模型（spatial model）使用经济距离（economic distance）这一概念研究截面相关问题。因子结构模型（factor structure model）在研究面板数据模型的截面相关性方面取得了很好的效果。因子结构模型假定扰动项中包含一定数目的不可观测的因子，这些因子影响每个个体。因子结构模型理论已经推广到时间和个体趋近无穷的面板数据模型中，详细可以参见 Bai 和 Ng（2002）、Bai（2003）的相关研究。对于因子结构模型，扰动误差项 u_{it} 可以写为

$$u_{it} = \lambda_i' f_t + \varepsilon_{it} \tag{5.1.2}$$

其中，$f_t = (f_{1t}, \cdots, f_{mt})'$ 是 $m \times 1$ 的不可观测的因子向量；$\lambda_i = (\lambda_{1i}, \cdots, \lambda_{mi})'$ 是 $r \times 1$ 的因子载荷向量；ε_{it} 是均值为 0 的独立同分布序列。如果 $r = 2, \lambda_i = (\eta_i, 1)'$，$f_t = (1, \tau_t)'$，则 $\lambda_i' f_t = \eta_i + \tau_t$，$\eta_i$ 表示个体时不变效应，而 τ_t 表示时间效应。为了说明因子结构模型是截面强相关的，我们考虑一个单因子误差过程：

$$u_{it} = \lambda_i f_t + \varepsilon_{it}$$

随着 N 和 T 增大，$\sigma_{ij,t} = \mathrm{cov}(u_{it}, u_{jt}) = \lambda_i \lambda_j \sigma_f^2 \neq 0$，因此 $\sum_{j \neq i} |\sigma_{ij,t}|$ 是无界的，该因子结构模型属于强截面相关。

5.2　截面相关的线性面板数据模型

本节主要介绍使用因子方法来研究截面相关的线性面板数据模型的参数估计问题。此外，还可以使用似乎不相关回归（seeming unrelated regression，SUR）方法和空间（spatial）方法来研究截面相关的线性面板数据模型的参数估计问题（Hsiao，2014；Xu et al.，2016）。

考虑如下异质性的面板数据模型（heterogeneous panel data model）：

$$y_{it} = \alpha_i' d_t + \beta_i' x_{it} + u_{it},\ \ i = 1, 2, \cdots, N,\ \ t = 1, 2, \cdots, T \tag{5.2.1}$$

其中，d_t 是 $n \times 1$ 的可观测的共同效应向量（包括截距项或者季节虚拟变量）；x_{it} 是 $k \times 1$ 的可观测的回归向量；误差项 u_{it} 有如下的多因子结构（multifactor structure）：

$$u_{it} = \lambda_{i1} f_{1t} + \lambda_{i2} f_{2t} + \cdots + \lambda_{im} f_{mt} = \lambda_i' f_t + \varepsilon_{it} \tag{5.2.2}$$

更一般地，式（5.2.2）可以写成如下向量形式：

$$u_t = \Lambda f_t + \varepsilon_t \tag{5.2.3}$$

其中，$f_t = (f_{1t}, \cdots, f_{mt})'$ 是 $m \times 1$ 的不可观测的因子向量；$\lambda_i = (\lambda_{1i}, \cdots, \lambda_{mi})'$ 是 $r \times 1$ 的

因子载荷向量；$\Lambda=(\lambda_{ij})_{n\times m}$；$\varepsilon_{it}$是均值为 0 的独立同分布序列。这里因子数目$m$假设是固定的，并且要求$m \ll N$。如果$\lim\limits_{N\to\infty} N^{-1}\sum\limits_{i=1}^{N}|\lambda_{il}|=K>0$，我们称因子$f_{lt}$是强的。如果$\lim\limits_{N\to\infty}\sum\limits_{i=1}^{N}|\lambda_{il}|=K<\infty$，我们称因子$f_{lt}$是弱的。

Coakley 等（2002）和 Bai（2009）提出采用主成分分析方法来研究因子模型，要求$N^{-1}\Lambda'\Lambda$趋近于正定矩阵，即假定式（5.2.2）中的每个因子是强的。Coakley 等（2002）考虑模型是严格的局外变量，并且要求同一性，即$\beta_i=\beta$，提出了两阶段估计方法。第一步，从最小二乘残差中求得主成分（principal components），可用它代替不可观测的因子；第二步，被估计的因子作为可观测因子，估计回归方程：

$$y_{it}=\alpha_i'd_t+\beta_i'x_{it}+\lambda_i'\hat{f}_t+\varepsilon_{it},\ i=1,2,\cdots,N;t=1,2,\cdots,T \tag{5.2.4}$$

其中，$\hat{f}_t$是$m\times 1$的残差主成分向量，是在第一步中计算得到的。若N和T大，并且f_t和x_{it}是不相关的，则β估计是相合的。Bai（2009）提出了一个迭代的主成分分析方法。为了说明方便，假定$\alpha_i=0$。β和F通过解非线性方程

$$\hat{\beta}_{\mathrm{PC}}=\left(\sum_{i=1}^{N}X_i'M_{\hat{F}}X_i\right)^{-1}\sum_{i=1}^{N}X_i'M_{\hat{F}}y_i \tag{5.2.5}$$

$$(y_i-X_i\hat{\beta}_{\mathrm{PC}})'\hat{F}=\frac{1}{NT}\sum_{i=1}^{N}(y_i-X_i\hat{\beta}_{\mathrm{PC}})\ \hat{F}\hat{V} \tag{5.2.6}$$

得到。其中，$X_i=(x_{i1},\cdots,x_{iT})'$，$y_i=(y_{i1},\cdots,y_{iT})'$，$M_{\hat{F}}=I_T-\hat{F}\ (\hat{F}'\hat{F})^{-1}\ \hat{F}'$，$\hat{F}=(\hat{f}_1,\cdots,\hat{f}_T)$；$\hat{V}$是$m\times m$的对角矩阵，包含矩阵$\frac{1}{NT}\sum\limits_{i=1}^{N}(y_i-X_i\hat{\beta}_{\mathrm{PC}})\ (y_i-X_i\hat{\beta}_{\mathrm{PC}})'$所对应的$m$个最大特征值，且以降序排列。因此，给定$F$，估计$\beta$；给定$\beta$，估计$F$。解是通过交替迭代得到的，这个迭代算法能收敛到一个局部最优解，详细讨论参见 Sargan（1964）的研究。而$\hat{\lambda}_i=(\hat{F}'\hat{F})^{-1}\hat{F}'\ (y_i-X_i\hat{\beta}_{\mathrm{PC}})$，$\hat{\beta}_{\mathrm{PC}},\hat{F},\hat{\lambda}_i$是通过使得

$$\sum_{i=1}^{N}(y_i-X_i\beta-F\lambda_i)'(y_i-X_i\beta-F\lambda_i) \tag{5.2.7}$$

达到最小得到的。Bai（2009）指出，如果共同因子与解释变量相关，也可以说明估计是相合的。特别地，若N和T都趋近于无穷，则$\hat{\beta}_{\mathrm{PC}}$是相合估计，这时不对比率$T/N$进行约束。当$T/N\to\rho>0$时，$\sqrt{NT}(\hat{\beta}_{\mathrm{PC}}-\beta)=O_p(1)$，并且$\sqrt{NT}(\hat{\beta}_{\mathrm{PC}}-\beta)$的极限分布的均值不为 0。因此，Bai 根据 Hahn 和 Kuersteiner（2002）和 Hahn 和 Newey（2004）提出的偏倚校正方法来校正有偏的估计量，详细的可参见 Bai（2009）的相关研究。

需要说明的是，在使用主成分分析方法时需要估计因子数目。Bai 和 Ng（2002）通过使得模型选择信息准则函数达到最小来决定因子数目。令 $x_i = F\lambda_i + \varepsilon_i$ 是 $T\times 1$ 的向量，而 F 是 $T\times m$ 的向量，λ_i 是 $m\times 1$ 的向量。主要目的是获得 m 的估计。定义

$$V(m,\hat{F}_{(m)}) \equiv \frac{1}{NT}\sum_{i=1}^{N}(x_i'x_i - x_i'P_{F(m)}x_i)$$

其中，$P_{F(m)}$ 是 x_i 在 $F(m)$ 上的投影。Bai 和 Ng（2002）估计 m 通过使下面之一成立即可：

$$\hat{m}_1 = \arg\min_m\left[\ln V(m,\hat{F}_{(m)}) + m\left(\frac{N+T}{NT}\right)\ln\left(\frac{NT}{N+T}\right)\right] \tag{5.2.8}$$

$$\hat{m}_2 = \arg\min_m\left[\ln V(m,\hat{F}_{(m)}) + m\left(\frac{N+T}{NT}\right)\ln\left(C_{NT}^2\right)\right] \tag{5.2.9}$$

$$\hat{m}_3 = \arg\min_m\left[\ln V(m,\hat{F}_{(m)}) + m\ln\left(\frac{\ln C_{NT}^2}{C_{NT}^2}\right)\right] \tag{5.2.10}$$

其中，$C_{NT}^2 = \min(N,T)$。Bai 和 Ng 证明了式（5.2.8）~式（5.2.10）是渐近等价的，随着 $\min(N,T)\to\infty$，m 的估计是渐近相合的，即

$$\hat{m}_i \xrightarrow{p} m，\text{对于 } i = 1,2,3 \tag{5.2.11}$$

Pesaran（2006）提出了一个共同相关效应（common correlated effects，CCE）估计量，通过因变量和解释变量的平均来逼近不可观测因子的线性组合，之后使用最小二乘方法来估计带有截面平均的方程。这里回顾 Pesaran（2006）提出的 CCE 方法。模型（5.2.1）中的异质性 β_i' 服从随机系数模型：

$$\beta_i = \beta + \varsigma_i,\quad \varsigma_i \sim \mathrm{IID}(0,\Omega_\varsigma),\quad i = 1,2,\cdots,N$$

其中，ς_i 独立于 $\varepsilon_{jt}, x_{jt}, d_t$，对于所有的 i,j,t。为了允许回归量和因子存在相依性，令模型（5.2.1）中的回归量 x_{it} 满足：

$$x_{it} = A_i'd_t + \Gamma_i' f_t + v_{it} \tag{5.2.12}$$

其中，A_i 和 Γ_i 分别为 $n\times k$ 和 $m\times k$ 的因子载荷矩阵；v_{it} 为 x_{it} 的扰动项，并且满足 $E(v_{it}\mid\Gamma_i', f_t) = 0$。

基于式（5.2.1）、式（5.2.2）和式（5.2.12），我们可以得到

$$z_{it} = \begin{pmatrix} y_{it} \\ x_{it} \end{pmatrix} = B_i'd_t + C_i'f_t + \xi_{it} \tag{5.2.13}$$

其中

$$\xi_{it} = \begin{pmatrix} \varepsilon_{it} + \beta_i'v_{it} \\ v_{it} \end{pmatrix} \tag{5.2.14}$$

$$B_i=(\alpha_i,A_i)\begin{pmatrix}1 & 0\\ \beta_i & I_k\end{pmatrix},\quad C_i=(\gamma_i,\Gamma_i^*)\begin{pmatrix}1 & 0\\ \beta_i & I_k\end{pmatrix} \tag{5.2.15}$$

I_k 是阶数为 k 的单位矩阵；C_i 的阶数由 $m\times(k+1)$ 的不可观测的因子载荷矩阵的秩决定。考虑如下 z_{it} 的加权平均：

$$\bar{z}_{wt}=\bar{B}_w'd_t+\bar{C}_w'f_t+\bar{\xi}_{wt} \tag{5.2.16}$$

其中

$$\bar{z}_{wt}=\sum_{i=1}^{N}w_iz_{it},\quad \bar{B}_w=\sum_{i=1}^{N}w_iB_i,\quad \bar{C}_w=\sum_{i=1}^{N}w_iC_i,\quad \bar{\xi}_{wt}=\sum_{i=1}^{N}w_i\xi_{it}$$

假设

$$\mathrm{Rank}(\bar{C}_w)=m\leqslant k+1 \tag{5.2.17}$$

有

$$f_t=(\bar{C}_w\bar{C}_w')^{-1}\bar{C}_w(\bar{z}_{wt}-\bar{B}_w'd_t-\bar{\xi}_{wt}) \tag{5.2.18}$$

根据 Pesaran 和 Tosetti（2011）的研究，可知

$$\bar{\xi}_{wt}\xrightarrow{q.m.}0\text{，当 }N\to\infty\text{，对于每个 }t$$

$$\bar{C}_w\xrightarrow{p}C=\tilde{\Gamma}\begin{pmatrix}1 & 0\\ \beta & I_k\end{pmatrix},\quad N\to\infty$$

其中，$\tilde{\Gamma}=(E(\gamma_i),E(\Gamma_i^*))$，$\beta=E(\beta_i)$。
从而

$$f_t-(\bar{C}\bar{C}')^{-1}\bar{C}(\bar{z}_{wt}-\bar{B}_w'd_t)\xrightarrow{q.m.}0,\quad N\to\infty \tag{5.2.19}$$

因此，不可观测的因子 f_t 用 d_t、$\bar{z}_{wt}$ 的线性组合来逼近。

当 $\beta_i=\beta$ 时，合并观测值，可以得到合并的 CCE 估计量，即

$$\hat{\beta}_{\text{PCCE}}=\left[\sum_{i=1}^{N}X_i'\bar{M}_wX_i\right]^{-1}\sum_{i=1}^{N}X_i'\bar{M}_wy_i \tag{5.2.20}$$

其中

$$\bar{M}_w=I_T-\bar{H}_w(\bar{H}_w'\bar{H}_w)^{-1}\bar{H}_w'$$

在一些条件下，Pesaran（2006）证明了 $\hat{\beta}_{\text{PCCE}}$ 是 β 的渐近无偏估计，并且当 $(N,T)\to\infty$ 时，

$$\sqrt{NT}(\hat{\beta}_{\text{PCCE}}-\beta)\xrightarrow{d}N(0,\Sigma_{\text{PCCE}}) \tag{5.2.21}$$

其中，Σ_{PCCE} 是 $\sqrt{NT}(\hat{\beta}_{\text{PCCE}}-\beta)$ 的渐近方差。Westerlund 和 Urbain（2015）指出，Pesaran（2006）提出 β 的 PCCE 的偏倚要比 Bai（2009）提出的迭代最小二乘估计的偏倚小。另外，Westerlund 和 Urbain（2013）对 Pesaran（2006）的条件进行了必要的修正。误差截面相关的动态面板数据模型的参数估计问题可以参见

Chudik 和 Pesaran（2015）的相关研究。

5.3　截面相关的二元面板数据模型

带有交互效应的面板数据模型越来越多地被学者考虑和关注。在面板数据模型中，不可观测的个体效应 λ_i 和不可观测的时间效应 f_t 的乘积即交互效应 $\lambda_i f_t$ 能够刻画不可观测的异质性，从而能够降低偏倚。它基于伴随参数问题，详见 Hsiao（2014）的相关研究。有关带有交互效应的面板数据模型的文献数量呈现增长趋势，详见 Anderson（1984）、Pesaran（2006）、Bai（2009）、Sarafidis 和 Wansbeek（2012）、Bai 和 Li（2014）、Westerlund 和 Urbain（2015）、Hsiao 等（2019）的研究。带有交互效应的面板数据模型的理论估计方法可以参见 Hsiao（2018）的研究。Hsiao（2018）对现有方法进行了综述，也提出了使用拟似然方法（quasi-likelihood approach）来估计带有交互效应的面板数据模型中的参数。这些方法都是在假定面板数据模型是线性的基础上来进行估计的，不能直接应用到非线性面板数据模型中。

Boneva 和 Linton（2017）将 Pesaran（2006）提出的 CCE 方法推广到二元面板数据模型，其假设是因子包含在可观测因子和回归量的截面平均范围内，该方法与 Fernandez-Val 和 Weidner（2016）、Chen 等（2014）的研究有联系。Xue 等（2018）提出了一个估计量，该估计量通过 Mundlak（1978）提出的合并投影方法来处理交互效应。如果个体固定效应 λ_i 是随机的，并且它的方差是大的，但是时间效应 f_t 是固定的，我们可以直接应用 Gao 等（2017）或者 Yu 等（2018）的方法去研究带有交互效应的二元面板数据模型的参数估计问题。前面的工作没有考虑个体固定效应 λ_i 是固定的参数，时间效应 f_t 是随机变量，即没有考虑误差截面相关的二元面板数据模型的参数估计问题。

本节研究交互效应，其中个体固定效应 λ_i 是固定的参数，时间效应 f_t 是随机变量且其方差大，并针对误差截面相关的二元面板数据模型提出了一个新的估计方法。不同于 Hsiao（2018）和 Xu 等（2016）提出的处理截面相关的方法，本书提出的方法将 Gao 等（2017）的方法推广到误差截面相关的二元面板数据模型。

我们考虑下面的误差截面相关的 Probit 面板数据模型：

$$\begin{aligned} &y_{it}^* = x_{it}'\beta + u_{it}, i = 1,2; t = 1,\cdots,T \\ &u_{it} = \lambda_i f_t + \varepsilon_{it} \\ &y_{it} = I, y_{it}^* \geqslant 0 \end{aligned} \tag{5.3.1}$$

其中，$I(\cdot)$ 是示性函数；y_{it} 是可观测的被解释变量；y_{it}^* 是潜在变量，它和可观测

的被解释变量 y_{it} 的联系是通过 $I(\cdot)$ 来实现的；x_{it} 是 $k\times1$ 严格局外解释变量；λ_i 和 f_t 都是 1×1 的单变量并且是不可观测的；β 是感兴趣的待估参数。

【假设 5.3.1】 ε_{it} 是不可观测的误差项，对于 i 和 t，它独立同分布于标准正态分布 $\Phi(\cdot)$，并且与 f_t 独立。

【假设 5.3.2】 λ_i，$i=1,2$ 是不可观测的载荷因子，它是固定的常量。

【假设 5.3.3】 f_t 是不可观测的因子，它独立同分布于未知的密度函数 $m(f)=\dfrac{1}{\sigma_f}h\left(\dfrac{f-\mu_f}{\sigma_f}\right)$，其中 $h(\cdot)$ 表示均值为 0、方差为 1 的概率密度函数，在 0 处连续，$h(0)$ 是有限的，$h(\cdot)$ 关于均值 0 对称。

在假设 5.3.1~假设 5.3.3 条件下，误差项 u_{1t} 和 u_{2t} 是截面相关的：

$$\operatorname{cov}(u_{1t},u_{2t})=\lambda_1\lambda_2\sigma_f^2\neq0\text{，对于 }t \tag{5.3.2}$$

如果忽略误差截面相关性，Probit 面板模型中 β 的参数估计是不相合的。根据 Gao 等（2017）和 Yu 等（2018）的研究，针对带有误差截面相关的模型（5.3.1），本书提出了一个新的估计量来估计 β，如果 f_t 的方差大，个体固定效应 λ_i 能够被吸收到 f_t 中。

借鉴条件 Probit 方法，使用 MLE 去估计模型（5.3.1）中的 β，首先计算条件概率。基于模型（5.3.1），条件概率为

$$\begin{aligned}&\Pr(y_{1t}=1,y_{2t}=1\mid y_{1t}=y_{2t},x_{1t}',x_{2t}')\\&=\int\Phi(x_{1t}'\beta+\lambda_1f)\Phi(x_{2t}'\beta+\lambda_2f)m(f)\mathrm{d}f\Big/\Big(\int\Phi(x_{1t}'\beta+\lambda_1f)\\&\quad\times\Phi(x_{2t}'\beta+\lambda_2f)m(f)\mathrm{d}f+\int\Phi(-x_{1t}'\beta-\lambda_1f)\Phi(-x_{2t}'\beta-\lambda_2f)m(f)\mathrm{d}f\Big)\end{aligned} \tag{5.3.3}$$

式（5.3.3）和 Hsiao（2014）的研究类似，不能直接应用到构造条件似然函数，这是因为个体固定效应 λ_i 和时间效应 f_t 没有被删除。

为了得到有用的条件概率，即不包括 λ_i 和 f_t，再次回顾 Gao 等（2017）中的引理和定理。

【引理 5.3.1】 如果 $q(\xi)=\dfrac{1}{\sigma_\xi}h\left(\dfrac{\xi-\mu_\xi}{\sigma_\xi}\right)$，这里 $h(\cdot)$ 是均值为 0、方差为 1 的概率密度函数，并在 0 处连续，$h(0)$ 是有限的，则有

$$\int\Phi(\xi)\Phi(-\xi-z)q(\xi)\mathrm{d}\xi=f(\mu_\xi)\int\Phi(\xi)\Phi(-\xi-z)\mathrm{d}x+o(\sigma_\xi^{-1})$$

【引理 5.3.2】 $\displaystyle\int\Phi(-\xi)\Phi(\xi+z)\mathrm{d}\xi=z\Phi\left(\frac{z}{\sqrt2}\right)+\frac{1}{\sqrt{\pi}}\exp\left(-\frac{z^2}{4}\right)$。

【定理 5.3.1】 如果 $q(\xi)=\dfrac{1}{\sigma_\xi}h\left(\dfrac{\xi-\mu_\xi}{\sigma_\xi}\right)$，这里 $h(\cdot)$ 是均值为 0、方差为 1

的概率密度函数，并在 0 处连续，$h(0)$ 是有限的，则

$$\lim_{\sigma_\xi \to \infty} \frac{\int \Phi(\xi)\Phi(-\xi - z)q(\xi)\mathrm{d}\xi}{\int \Phi(-\xi)\Phi(\xi)q(\xi)\mathrm{d}\xi} = \frac{\int \Phi(\xi)\Phi(-\xi - z)\mathrm{d}\xi}{\int \Phi(-\xi)\Phi(\xi)\mathrm{d}\xi}$$

$$= -\sqrt{\pi} z \Phi\left(-\frac{z}{\sqrt{2}}\right) + \exp\left(-\frac{z^2}{4}\right)$$

$$\doteq G(z)$$

在 $\lambda_1 + \lambda_2 = 0$ 条件下，如果 f_t 的方差大，应用定理 5.3.1，识别依赖观测值 $y_{1t} = y_{2t}$，从而条件概率为

$$\begin{aligned}&\Pr(y_{1t} = 1, y_{2t} = 1 \mid y_{1t} = y_{2t}, x'_{1t}, x'_{2t}) \\ &= \frac{G(-(x_{1t} + x_{2t})'\beta)}{G(-(x_{1t} + x_{2t})'\beta + (x_{1t} + x_{2t})'\beta)}\end{aligned} \quad (5.3.4)$$

$t = 1, \cdots, T$，不依赖 λ_i 和 f_t，同时该方法不需要积分，因此式（5.3.4）能用于构造条件似然函数。令

$$p_t = p(\beta; x'_{1t}, x'_{2t}) = \frac{G(-(x_{1t} + x_{2t})'\beta)}{G(-(x_{1t} + x_{2t})'\beta + (x_{1t} + x_{2t})'\beta)} \quad (5.3.5)$$

因此，我们通过使对数似然

$$\ln L(\beta) = \sum_{t=1}^{T} I(y_{1t} = y_{2t})[y_{1t} \ln p_t + (1 - y_{1t}) \ln(1 - p_t)] \quad (5.3.6)$$

达到最大得到 β。

【注 5.3.1】 为了通过计算式（5.3.3）而得到式（5.3.4），通过使用引理 5.3.1，我们获得式（5.3.3）分子和分母的渐近展开。

（1）$\int \Phi(x'_{1t}\beta + \lambda_1 f)\Phi(x'_{2t}\beta + \lambda_2 f)m(f)\mathrm{d}f$

$$\begin{aligned}&= \int \Phi(x'_{1t}\beta + \lambda_1 f)\Phi[-(x'_{1t}\beta + \lambda_1 f) + (x'_{1t}\beta + x'_{2t}\beta) \\ &\quad + (\lambda_1 + \lambda_2) f] \frac{1}{\lambda_1 \sigma_f} h\left(\frac{(x'_{1t}\beta + \lambda_1 f) - (x'_{1t}\beta + \lambda_1 \mu_f)}{\lambda_1 \sigma_f}\right) \mathrm{d}(x'_{1t}\beta + \lambda_1 f) \\ &= \frac{1}{\lambda_1 \sigma_f} h(0) \int \Phi(x'_{1t}\beta + \lambda_1 f)\Phi[-(x'_{1t}\beta + \lambda_1 f) \\ &\quad + (x'_{1t}\beta + x'_{2t}\beta)]\mathrm{d}(x'_{1t}\beta + \lambda_1 f) + o[(\lambda_1 \sigma_f)^{-1}]\end{aligned}$$

第二个等式成立是由于引理 5.3.1 和 $\lambda_1 + \lambda_2 = 0$。

（2）$\int \Phi(-x'_{1t}\beta - \lambda_1 f)\Phi(-x'_{2t}\beta - \lambda_2 f)m(f)\mathrm{d}f$

$$= \int \Phi[-(x'_{1t}\beta + \lambda_1 f)]\Phi[(x'_{1t}\beta + \lambda_1 f) - (x'_{1t}\beta + x'_{2t}\beta)$$

$$+(\lambda_1+\lambda_2)f]\frac{-1}{\lambda_1\sigma_f}h\left(\frac{-(x_{1t}'\beta+\lambda_1 f)+(x_{1t}'\beta+\lambda_1\mu_f)}{\lambda_1\sigma_f}\right)\mathrm{d}(-(x_{1t}'\beta+\lambda_1 f))$$

$$=\frac{-1}{\lambda_1\sigma_f}h(0)\int\Phi[-(x_{1t}'\beta+\lambda_1 f)]\Phi[(x_{1t}'\beta+\lambda_1 f)$$

$$-(x_{1t}'\beta+x_{2t}'\beta)]\mathrm{d}(-(x_{1t}'\beta+\lambda_1 f))+o[(\lambda_1\sigma_f)^{-1}]$$

第一个等式成立是由于 $h(-x)=h(x)$，第二个等式成立是由于引理 5.3.1 和 $\lambda_1+\lambda_2=0$。

【注 5.3.2】　在 $\lambda_1-\lambda_2=0$ 条件下，如果 f_t 的方差大，应用定理 5.3.1，有

$$p_t=\Pr(y_{1t}=1,y_{2t}=0\mid y_{1t}+y_{2t}=1,x_{1t}',x_{2t}')$$
$$=\frac{G((x_{2t}-x_{1t})'\beta)}{G((x_{2t}-x_{1t})'\beta+(x_{1t}-x_{2t})'\beta)} \tag{5.3.7}$$

$t=1,\cdots,T$，不依赖 λ_i 和 f_t。获得式（5.3.7）结果的过程类似 $\lambda_1+\lambda_2=0$ 的情况。

【注 5.3.3】　假定 u_{1t} 和 u_{2t} 相关系数的符号已知。如果 u_{1t} 和 u_{2t} 相关系数的符号是负的，即在 $\lambda_1+\lambda_2=0$ 条件下，估计 β 是通过使得式（5.3.6）达到最大得到的，其中 p_t 见式（5.3.5）；如果 u_{1t} 和 u_{2t} 相关系数的符号是正的，即在 $\lambda_1-\lambda_2=0$ 条件下，估计 β 是通过使得式（5.3.6）达到最大得到的，其中 p_t 见式（5.3.7），同时式（5.3.6）中 $I(y_{1t}=y_{2t})$ 被替换为 $I(y_{1t}+y_{2t}=1)$。u_{1t} 和 u_{2t} 相关系数的符号未知的情况留作进一步研究。

通过求解似然方程（5.3.6）得到的 MLE 的渐近性质将在定理 5.3.2 和定理 5.3.3 中汇报，证明过程类似 Wang 等（2019）中的证明过程。为了得到这两个渐近性质的证明，先介绍引理 5.3.3。

根据式（5.3.5），有

$$p(\beta;x_{1t}',x_{2t}')=\frac{\int\Phi(x_{1t}'\beta+\lambda_1 f)\Phi(x_{2t}'\beta-\lambda_1 f)\mathrm{d}f}{K(\beta,\lambda_1;x_{1t}',x_{2t}')}$$

和

$$1-p(\beta;x_{1t}',x_{2t}')=\frac{\int\Phi(-x_{1t}'\beta-\lambda_1 f)\Phi(-x_{2t}'\beta+\lambda_1 f)\mathrm{d}f}{K(\beta,\lambda_1;x_{1t}',x_{2t}')}$$

其中

$$K(\beta,\lambda_1;x_{1t}',x_{2t}')=\int\Phi(x_{1t}'\beta+\lambda_1 f)\Phi(x_{2t}'\beta-\lambda_1 f)\mathrm{d}f$$
$$+\int\Phi(-x_{1t}'\beta-\lambda_1 f)\Phi(-x_{2t}'\beta+\lambda_1 f)\mathrm{d}f$$

【引理 5.3.3】　如果假设 5.3.1~假设 5.3.3 成立，令 $\sigma_f=aT^{\alpha}(0<\alpha<1)$，对于常量 $a>0$，有

$$\frac{1}{T^{1-\alpha}}\sum_{i=1}^{T}I(y_{1t}=y_{2t})\xrightarrow{p}C_1$$

其中

$$C_1=\frac{h(0)}{a}E[K(\beta,\lambda_1;x'_{1t},x'_{2t})]$$

证明：令 $W_t=I(y_{1t}=y_{2t})$，有

$$\begin{aligned}E(W_t\mid x'_{1t},x'_{2t})&=\int\Phi(x'_{1t}\beta+\lambda_1 f)\Phi(x'_{2t}\beta+\lambda_2 f)m(f)\mathrm{d}f\\&\quad+\int\Phi(-x'_{1t}\beta-\lambda_1 f)\Phi(-x'_{2t}\beta-\lambda_2 f)m(f)\mathrm{d}f\\&=\frac{h(0)}{aT^{\alpha}}[\int\Phi(x'_{1t}\beta+\lambda_1 f)\Phi(x'_{2t}\beta-\lambda_1 f)\mathrm{d}f\\&\quad+\int\Phi(-x'_{1t}\beta-\lambda_1 f)\Phi(-x'_{2t}\beta+\lambda_1 f)\mathrm{d}f+O((\lambda_1\sigma_f)^{-1})]\\&=\frac{h(0)}{aT^{\alpha}}[K(\beta,\lambda_1;x'_{1t},x'_{2t})+O(T^{-\alpha})]\end{aligned}$$

和

$$E(W_t)=\frac{C_1}{T^{\alpha}}+O(T^{-2\alpha})$$

$$\frac{1}{T^{1-\alpha}}\sum_{t=1}^{T}E(W_t)=C_1+O(T^{-\alpha})=C_1+o(1)$$

因此，

$$E(W_t^2)=E(W_t)=\frac{C_1}{T^{\alpha}}+O(T^{-2\alpha})$$

$$\mathrm{Var}(W)=E(W_t^2)-(E(W_t))^2=O(T^{-\alpha})$$

和

$$\mathrm{Var}\left(\frac{1}{T^{1-\alpha}}\sum_{t=1}^{T}W_t\right)=\frac{1}{T^{2-2\alpha}}\times T\times\mathrm{Var}(W_t)=O(T^{-1+\alpha})$$

使用 Chebyshev 不等式，有

$$\begin{aligned}P\left(\left|\frac{1}{T^{1-\alpha}}\sum_{t=1}^{T}W_t-E\left(\frac{1}{T^{1-\alpha}}\sum_{t=1}^{T}W_t\right)\right|\geqslant\varepsilon\right)&=P\left(\left|\frac{1}{T^{1-\alpha}}\sum_{t=1}^{T}W_t-(C_1+o(1))\right|\geqslant\varepsilon\right)\\&\leqslant\frac{\mathrm{Var}\left(\frac{1}{T^{1-\alpha}}\sum_{t=1}^{T}W_t\right)}{\varepsilon^2}\to 0\end{aligned}$$

这说明引理 5.3.3 成立。

【引理 5.3.4】　如果假设 5.3.1~假设 5.3.3 成立，令 $\sigma_f=aT^{\alpha}(0<\alpha<1)$，对

于常量 $a>0$，有

$$\frac{1}{T^{1-\alpha}}\sum_{t=1}^{T}I(y_{1t}=y_{2t})[y_{1t}\ln p(\beta^*;x'_{1t},x'_{2t})+(1-y_{1t})\ln(1-p(\beta^*;x'_{1t},x'_{2t}))]\xrightarrow{p}C_2(\beta^*)$$

其中

$$C_2(\beta^*)=\frac{h(0)}{a}E\{K(\beta,\lambda_1;x'_{1t},x'_{2t})[p(\beta;x'_{1t},x'_{2t})\ln p(\beta^*;x'_{1t},x'_{2t})$$
$$+(1-p(\beta;x'_{1t},x'_{2t}))\ln(1-p(\beta^*;x'_{1t},x'_{2t}))]\}$$

证明：令 $U_t=I(y_{1t}=y_{2t})[y_{1t}\ln p(\beta^*;x'_{1t},x'_{2t})+(1-y_{1t})\ln(1-p(\beta^*;x'_{1t},x'_{2t}))]$，有

$$\begin{aligned}E(U_t)&=E(E(U_t\,|\,x'_{1t},x'_{2t}))\\&=\frac{h(0)}{aT^{\alpha}}\{E[\int\Phi(x'_{1t}\beta+\lambda_1 f)\Phi(x'_{2t}\beta-\lambda_1 f)\mathrm{d}f\ln p(\beta^*;x'_{1t},x'_{2t})\\&\quad+\int\Phi(-x'_{1t}\beta-\lambda_1 f)\Phi(-x'_{2t}\beta+\lambda_1 f)\mathrm{d}f\ln(1-p(\beta^*;x'_{1t},x'_{2t}))]\\&\quad+O((\lambda_1\sigma_f)^{-1})\}\\&=\frac{1}{T^{\alpha}}\{C_2(\beta^*)+O(T^{-\alpha})\}\end{aligned}$$

和

$$\frac{1}{T^{1-\alpha}}\sum_{t=1}^{T}E(U_t)=C_2(\beta^*)+O(T^{-\alpha})=C_2(\beta^*)+o(1)$$

类似地，可求得

$$\begin{aligned}E(U_t^2)&=E(E(U_t^2\,|\,x'_{1t},x'_{2t}))\\&=\frac{h(0)}{aT^{\alpha}}\{E[(\ln p(\beta^*;x'_{1t},x'_{2t}))^2\int\Phi(x'_{1t}\beta+\lambda_1 f)\Phi(x'_{2t}\beta-\lambda_1 f)\mathrm{d}f\\&\quad+(\ln(1-p(\beta^*;x'_{1t},x'_{2t})))^2\int\Phi(-x'_{1t}\beta-\lambda_1 f)\Phi(-x'_{2t}\beta+\lambda_1 f)\mathrm{d}f]\\&\quad+O((\lambda_1\sigma_f)^{-1})\}\\&=O(T^{-\alpha})\end{aligned}$$

$$\mathrm{Var}(U_t)=E(U_t^2)-(E(U_t))^2=O(T^{-\alpha})$$

和

$$\mathrm{Var}\left(\frac{1}{T^{1-\alpha}}\sum_{t=1}^{T}U_t\right)=\frac{1}{T^{2-2\alpha}}\times T\times\mathrm{Var}(U_t)$$

使用 Chebyshev 不等式，有

$$P\left(\left|\frac{1}{T^{1-\alpha}}\sum_{t=1}^{T}U_t-E\left(\frac{1}{T^{1-\alpha}}\sum_{t=1}^{T}U_t\right)\right|\geqslant\varepsilon\right)=P\left(\left|\frac{1}{T^{1-\alpha}}\sum_{t=1}^{T}U_t-(C_2(\beta^*)+o(1))\right|\geqslant\varepsilon\right)$$

$$\leqslant \frac{\operatorname{Var}\left(\frac{1}{T^{1-\alpha}}\sum_{t=1}^{T}U_t\right)}{\varepsilon^2} \to 0$$

这说明引理 5.3.4 成立。

【定理 5.3.2】（相合性）　如果假设 5.3.1~假设 5.3.3 成立，令 $\sigma_f = aT^{\alpha}(0<\alpha<1)$，对于常量 $a>0$，有

$$\hat{\beta} \xrightarrow{p} \beta$$

证明：令

$$l(\beta^*) = \sum_{t-1}^{T} I(y_{1t} = y_{2t})[y_{1t}\ln p(\beta^*; x'_{1t}, x'_{2t}) + (1-y_{1t})\ln(1-p(\beta^*; x'_{1t}, x'_{2t}))]$$

根据引理 5.3.3 和引理 5.3.4，有

$$\frac{1}{T^{1-\alpha}} l(\beta^*) = \frac{1}{T^{1-\alpha}}\sum_{t=1}^{T} U_t \xrightarrow{p} C_2(\beta^*)$$

和

$$\frac{1}{T^{1-\alpha}}\sum_{t=1}^{T} I(y_{1t} = y_{2t}) \xrightarrow{p} C_1$$

从而

$$\frac{1}{\sum_{t=1}^{T} I(y_{1t} = y_{2t})} \xrightarrow{p} \frac{C_2(\beta^*)}{C_1}$$

由于

$$p(\beta; x'_{1t}, x'_{2t})\ln\frac{p(\beta; x'_{1t}, x'_{2t})}{p(\beta^*; x'_{1t}, x'_{2t})} + (1-p(\beta; x'_{1t}, x'_{2t}))\ln\frac{(1-p(\beta; x'_{1t}, x'_{2t}))}{(1-p(\beta^*; x'_{1t}, x'_{2t}))} \geqslant 0$$

这是根据对数和不等式得到的，有

$$P\left\{\frac{1}{\sum_{t=1}^{T} I(y_{1t} = y_{2t})} l(\beta^*) \leqslant \frac{1}{\sum_{t=1}^{T} I(y_{1t} = y_{2t})} l(\beta)\right\} \xrightarrow{p} 1$$

从而说明 $\hat{\beta}$ 是 β 的相合估计。

【引理 5.3.5】　如果假设 5.3.1~假设 5.3.3 成立，令 $\sigma_f = a\sqrt{T}(a>0)$，对于常量 $a>0$，有

$$\sum_{t=1}^{T}\frac{I(y_{1t} = y_{2t})}{\sqrt{\sum_{t=1}^{T} I(y_{1t} = y_{2t})}}\left\{\frac{y_{1t} - p(\beta; x'_{1t}, x'_{2t})}{p(\beta; x'_{1t}, x'_{2t})(1-p(\beta; x'_{1t}, x'_{2t}))}\frac{\partial p(\beta; x'_{1t}, x'_{2t})}{\partial \beta}\right\} \xrightarrow{d} N(0, \Sigma / c)$$

其中

$$\Sigma = E\left\{\frac{K(\beta,\lambda_1;x'_{1t},x'_{2t})\left(\dfrac{\partial p(\beta;x'_{1t},x'_{2t})}{\partial\beta}\right)\left(\dfrac{\partial p(\beta;x'_{1t},x'_{2t})}{\partial\beta}\right)'}{p(\beta;x'_{1t},x'_{2t})(1-p(\beta;x'_{1t},x'_{2t}))}\right\}, \quad c = E[K(\beta,\lambda_1;x'_{1t},x'_{2t})]$$

证明：令

$$Q_t = I(y_{1t}=y_{2t})\left\{\frac{y_{1t}-p(\beta;x'_{1t},x'_{2t})}{p(\beta;x'_{1t},x'_{2t})(1-p(\beta;x'_{1t},x'_{2t}))}\frac{\partial p(\beta;x'_{1t},x'_{2t})}{\partial\beta}\right\}$$

$$=\left\{\frac{I(y_{1t}=y_{2t})y_{1t}}{p(\beta;x'_{1t},x'_{2t})}-\frac{I(y_{1t}=y_{2t})(1-y_{1t})}{1-p(\beta;x'_{1t},x'_{2t})}\right\}\frac{\partial p(\beta;x'_{1t},x'_{2t})}{\partial\beta}$$

由于 $h(x)$ 的一阶导是连续的，有

$$E\left(\frac{I(y_{1t}=y_{2t})y_{1t}}{p(\beta;x'_{1t},x'_{2t})}\middle| x'_{1t},x'_{2t}\right)$$

$$=\frac{\int\Phi(x'_{1t}\beta+\lambda_1 f)\Phi(x'_{2t}\beta-\lambda_1 f)h\left(\dfrac{f-\mu_f}{\sigma_f}\right)\mathrm{d}f}{\sigma_f p(\beta;x'_{1t},x'_{2t})}$$

$$=\frac{\int\Phi(x'_{1t}\beta+\lambda_1 f)\Phi(x'_{2t}\beta-\lambda_1 f)\left[h(0)+h'(0)\dfrac{f-\mu_f}{\sigma_f}+o(\sigma_f^{-1})\right]\mathrm{d}f}{\sigma_f p(\beta;x'_{1t},x'_{2t})}$$

$$=\frac{h(0)\int\Phi(x'_{1t}\beta+\lambda_1 f)\Phi(x'_{2t}\beta-\lambda_1 f)\mathrm{d}f}{\sigma_f p(\beta;x'_{1t},x'_{2t})}+O(\sigma_f^{-2})+o(\sigma_f^{-2})$$

和

$$E\left(\frac{I(y_{1t}=y_{2t})(1-y_{1t})}{p(\beta;x'_{1t},x'_{2t})}\middle| x'_{1t},x'_{2t}\right)$$

$$=\frac{\int\Phi(-x'_{1t}\beta-\lambda_1 f)\Phi(-x'_{2t}\beta+\lambda_1 f)h\left(\dfrac{f-\mu_f}{\sigma_f}\right)\mathrm{d}f}{\sigma_f\left(1-p(\beta;x'_{1t},x'_{2t})\right)}$$

$$=\frac{\int\Phi(-x'_{1t}\beta-\lambda_1 f)\Phi(-x'_{2t}\beta+\lambda_1 f)\left[h(0)+h'(0)\dfrac{f-\mu_f}{\sigma_f}+o(\sigma_f^{-1})\right]\mathrm{d}f}{\sigma_f(1-p(\beta;x'_{1t},x'_{2t}))}$$

$$=\frac{h(0)\int \Phi(-x_{1t}'\beta-\lambda_1 f)\Phi(-x_{2t}'\beta+\lambda_1 f)\mathrm{d}f}{\sigma_f(1-p(\beta;x_{1t}',x_{2t}'))}+O(\sigma_f^{-2})+o(\sigma_f^{-2})$$

由于

$$\frac{\int \Phi(x_{1t}'\beta+\lambda_1 f)\Phi(x_{2t}'\beta-\lambda_1 f)\mathrm{d}f}{\int \Phi(-x_{1t}'\beta-\lambda_1 f)\Phi(-x_{2t}'\beta+\lambda_1 f)\mathrm{d}f}=\frac{p(\beta;x_{1t}',x_{2t}')}{1-p(\beta;x_{1t}',x_{2t}')}$$

有

$$E(Q_t)=E(E(Q_t\mid x_{1t}',x_{2t}'))=O(\sigma_f^{-2})+o(\sigma_f^{-2})=O(\sigma_f^{-2})=O(T^{-1})$$

类似地，

$$E(Q_tQ_t')=\frac{h(0)}{a\sqrt{T}}E\left\{\frac{K(\beta,\lambda_1;x_{1t}',x_{2t}')\left(\dfrac{\partial p(\beta;x_{1t}',x_{2t}')}{\partial\beta}\right)\left(\dfrac{\partial p(\beta;x_{1t}',x_{2t}')}{\partial\beta}\right)'}{p(\beta;x_{1t}',x_{2t}')(1-p(\beta;x_{1t}',x_{2t}'))}\right\}+o(T^{-1/2})$$

$$=\frac{h(0)}{a\sqrt{T}}\Sigma+o(T^{-1/2})$$

令 $t=(t_1,\cdots,t_{k+1})$ 是 $k+1$ 维行向量，有

$$\begin{aligned}E[\exp(\mathrm{i}t'Q_t/T^{1/4})]&=1+\frac{1}{T^{1/4}}E[\exp(\mathrm{i}t'Q_t)]+\frac{1}{2\sqrt{T}}E(-t'Q_tQ_t't)+E(o(t'Q_tQ_t't/\sqrt{T}))\\&=1-\frac{1}{2\sqrt{T}}E(-t'Q_tQ_t't)+o(T^{-1})\\&=1-\frac{h(0)t'\Sigma t}{2aT}+o(T^{-1})\end{aligned}$$

$\sum_{t=1}^{T}Q_t/T^{1/4}$ 的特征函数是

$$\begin{aligned}\varphi_n(t)&=E\left[\exp\left\{\mathrm{i}\sum_{t=1}^{T}t'Q_t/T^{1/4}\right\}\right]=[E(\exp(\mathrm{i}t'Q_t/T^{1/4}))]^T\\&=\left[1-\frac{h(0)t'\Sigma t}{2aT}+o(T^{-1})\right]^T\to\exp\left[-\frac{h(0)t'\Sigma t}{2a}\right]\end{aligned}$$

因此，

$$\frac{1}{T^{1/4}}\sum_{t=1}^{T}Q_t\xrightarrow{p}N\left(0,\frac{h(0)}{a}\Sigma\right)$$

根据引理 5.3.3，有

$$\frac{1}{\sqrt{T}}\sum_{t=1}^{T}I(y_{1t}=y_{2t})\xrightarrow{p}\frac{h(0)}{a}E[K(\beta,\lambda_1;x_{1t}',x_{2t}')]$$

根据 Slutsky 定理，有

$$\sum_{t=1}^{T}\frac{I(y_{1t}=y_{2t})}{\sqrt{\sum_{t=1}^{T}I(y_{1t}=y_{2t})}}\left\{\frac{y_{1t}-p(\beta;x_{1t}',x_{2t}')}{p(\beta;x_{1t}',x_{2t}')(1-p(\beta;x_{1t}',x_{2t}'))}\frac{\partial p(\beta;x_{1t}',x_{2t}')}{\partial\beta}\right\}\xrightarrow{d}N(0,\Sigma/c)$$

这说明引理 5.3.5 成立。

【定理 5.3.3】（渐近正态性）　如果假设 5.3.1~假设 5.3.3 成立，令 $\sigma_f=a\sqrt{T}(a>0)$，对于常量 $a>0$，有

$$\sqrt{\sum_{t=1}^{T}I(y_{1t}=y_{2t})}(\hat{\beta}-\beta)\xrightarrow{d}N(0,c\Sigma^{-1})$$

其中

$$\Sigma=E\left\{\frac{K(\beta,\lambda_1;x_{1t}',x_{2t}')\left(\dfrac{\partial p(\beta;x_{1t}',x_{2t}')}{\partial\beta}\right)\left(\dfrac{\partial p(\beta;x_{1t}',x_{2t}')}{\partial\beta}\right)'}{p(\beta;x_{1t}',x_{2t}')(1-p(\beta;x_{1t}',x_{2t}'))}\right\},\quad c=E[K(\beta,\lambda_1;x_{1t}',x_{2t}')]。$$

证明：令

$$l(\beta)=\sum_{t=1}^{T}I(y_{1t}=y_{2t})[y_{1t}\ln p(\beta;x_{1t}',x_{2t}')+(1-y_{1t})\ln(1-p(\beta;x_{1t}',x_{2t}'))]$$

$\hat{\beta}$ 是最大值点，其满足

$$\frac{\partial l(\hat{\beta})}{\partial\beta}=\sum_{t=1}^{T}I(y_{1t}=y_{2t})\left\{\left[y_{1t}-p(\hat{\beta};x_{1t}',x_{2t}')\right]\right.$$

$$\left./[p(\hat{\beta};x_{1t}',x_{2t}')\ (1-p(\hat{\beta};x_{1t}',x_{2t}'))]\ \frac{\partial p(\hat{\beta};x_{1t}',x_{2t}')}{\partial\beta}\right\}=0$$

把上面的函数在 β 处展开，得到

$$0=\frac{\partial l(\hat{\beta})}{\partial\beta}=\sum_{t=1}^{T}I(y_{1t}=y_{2t})\left\{\frac{y_{1t}-p(\beta;x_{1t}',x_{2t}')}{p(\beta;x_{1t}',x_{2t}')(1-p(\beta;x_{1t}',x_{2t}'))}\frac{\partial p(\beta;x_{1t}',x_{2t}')}{\partial\beta}\right\}$$

$$+\sum_{t=1}^{T}I(y_{1t}=y_{2t})\left.\frac{\partial\left[\dfrac{y_{1t}-p(\beta;x_{1t}',x_{2t}')}{p(\beta;x_{1t}',x_{2t}')(1-p(\beta;x_{1t}',x_{2t}'))}\dfrac{\partial p(\beta;x_{1t}',x_{2t}')}{\partial\beta}\right]}{\partial\beta}\right|_{\beta=\beta}(\hat{\beta}-\beta)$$

$$+\left[\sum_{t=1}^{T}I(y_{1t}=y_{2t})\right]o(\|\hat{\beta}-\beta\|)$$

通过引理 5.3.5，可以证明

$$\frac{1}{\sum_{t=1}^{T} I(y_{1t}=y_{2t})} \sum_{t=1}^{T} I(y_{1t}=y_{2t}) \frac{\partial\left[\frac{y_{1t}-p(\beta;x'_{1t},x'_{2t})}{p(\beta;x'_{1t},x'_{2t})(1-p(\beta;x'_{1t},x'_{2t}))} \frac{\partial p(\beta;x'_{1t},x'_{2t})}{\partial\beta}\right]}{\partial\beta}$$

依概率收敛到 $-\Sigma/c$，并且

$$\sum_{t=1}^{T} \frac{I(y_{1t}=y_{2t})}{\sqrt{\sum_{t=1}^{T} I(y_{1t}=y_{2t})}} \frac{\partial\left[\frac{y_{1t}-p(\beta;x'_{1t},x'_{2t})}{p(\beta;x'_{1t},x'_{2t})(1-p(\beta;x'_{1t},x'_{2t}))} \frac{\partial p(\beta;x'_{1t},x'_{2t})}{\partial\beta}\right]}{\partial\beta} \xrightarrow{d} N(0,\Sigma/c)$$

因此，得到

$$\sqrt{\sum_{t=1}^{T} I(y_{1t}=y_{2t})}(\hat{\beta}-\beta) \xrightarrow{d} N(0,c\Sigma^{-1})$$

为了评价本书提出 β 的 MLE 的有效性，针对不同的样本尺寸，我们将汇报有限样本的 Monte Carlo 模拟研究，其中 β 的估计是通过求解似然方程（5.3.6）得到的。这里数值模拟设计和 Yu 等（2018）的设计接近，其主要是研究带有随机效应的 Probit 面板数据模型。对于不同的 T，重复迭代 1000 次，并且汇报估计的 Bias 和 MAE。

Monte Carlo 模拟研究基于下面的数据产生过程：

$$\begin{aligned} y_{it}^{*} &= x'_{it}\beta + u_{it} \\ u_{it} &= \lambda_i f_t + \varepsilon_{it} \\ y_{it} &= I,\ y_{it}^{*} \geqslant 0 \end{aligned} \tag{5.3.8}$$

其中，$i=1,2;t=1,\cdots,T$。设 T 为 250、500、1000。为了考察本书提出的 β 的估计量的敏感性，考虑如下设计：$\beta=\pm1.0,\pm0.5,0$。x_{it} 是严格局外变量，并且独立同分布于标准正态分布 $N(0,1)$。ε_{it} 独立同分布于标准正态分布 $N(0,1)$，时间效应 f_t 产生于正态分布 $N(0,\sigma_f^2),\sigma_f^2\in\{1,3,6\}$。

为了评价本书提出的 β 的估计量的有效性，我们允许误差截面相关，考虑成对的（pair-wise）相关系数。在 $\lambda_1+\lambda_2=0$ 条件下，误差 u_{1t} 和 u_{2t} 的 pair-wise 相关系数为

$$\operatorname{corr}(u_{1t},u_{2t}) = \frac{-\lambda_1^2\sigma_f^2}{\lambda_1^2\sigma_f^2+1} \tag{5.3.9}$$

在 $\lambda_1-\lambda_2=0$ 条件下，误差 u_{1t} 和 u_{2t} 的 pair-wise 相关系数为

$$\operatorname{corr}(u_{1t},u_{2t}) = \frac{\lambda_1^2\sigma_f^2}{\lambda_1^2\sigma_f^2+1} \tag{5.3.10}$$

在数值模拟实验中，令误差 u_{1t} 和 u_{2t} 的 pair-wise 相关系数为 0，$\pm\frac{1}{4},\pm\frac{1}{2},\pm\frac{3}{4},\pm\frac{9}{10}$，其相对于不同的 λ_1 和 σ_f^2 取值。在 $\lambda_1+\lambda_2=0$ 条件下，根据式（5.3.9），设定误差 u_{1t} 和 u_{2t} 的 pair-wise 相关系数为 $0,-\frac{1}{4},-\frac{1}{2},-\frac{3}{4},-\frac{9}{10}$，基于式（5.3.5）和式（5.3.6），我们汇报 β 的估计模拟结果，如表 5.1、表 5.3 和表 5.5 所示。在 $\lambda_1-\lambda_2=0$ 条件下，根据式（5.3.10），设定误差 u_{1t} 和 u_{2t} 的 pair-wise 相关系数为 $0,\frac{1}{4},\frac{1}{2},\frac{3}{4},\frac{9}{10}$，基于式（5.3.6）和式（5.3.7），我们汇报 β 的估计模拟结果，如表 5.2、表 5.4 和表 5.6 所示。

表 5.1　带有误差截面相关的 Probit 面板数据模型模拟结果 Ⅰ（$\sigma_f^2=1.0$）

λ_1	T	$\beta=-1.0$		$\beta=-0.5$		$\beta=0$		$\beta=0.5$		$\beta=1.0$	
		$\hat{\beta}$		$\hat{\beta}$		$\hat{\beta}$		$\hat{\beta}$		$\hat{\beta}$	
		Bias	MAE	Bias	MAE	Bias	MAE	Bias	MAE	Bias	MAE
0	250	0.052	0.117	0.040	0.069	0.003	0.050	−0.039	0.071	−0.064	0.124
	500	0.054	0.088	0.042	0.057	0.000	0.033	−0.038	0.055	−0.051	0.089
	1000	0.061	0.073	0.041	0.046	−0.001	0.022	−0.039	0.043	−0.057	0.070
$\frac{1}{\sqrt{3}}$	250	0.046	0.122	0.023	0.074	0.001	0.054	−0.025	0.076	−0.042	0.118
	500	0.039	0.090	0.029	0.051	0.003	0.039	−0.029	0.054	−0.040	0.090
	1000	0.048	0.069	0.031	0.043	0.000	0.027	−0.030	0.039	−0.046	0.070
1.0	250	0.021	0.130	0.010	0.074	−0.007	0.061	−0.003	0.082	−0.029	0.125
	500	0.033	0.099	0.020	0.056	−0.002	0.041	−0.020	0.060	−0.030	0.096
	1000	0.036	0.071	0.022	0.041	−0.002	0.027	−0.018	0.042	−0.033	0.071
$\sqrt{3}$	250	−0.014	0.154	0.007	0.095	−0.001	0.071	0.002	0.093	0.007	0.159
	500	0.011	0.108	0.006	0.061	−0.002	0.050	−0.007	0.067	−0.016	0.106
	1000	0.017	0.074	0.011	0.047	0.001	0.038	−0.011	0.048	−0.011	0.077
3.0	250	−0.013	0.188	−0.009	0.116	0.004	0.098	0.008	0.123	0.042	0.185
	500	0.003	0.127	0.002	0.080	0.003	0.067	0.005	0.087	−0.010	0.129
	1000	−0.002	0.097	0.002	0.056	0.001	0.045	0.004	0.061	0.005	0.095

注：DGP 是 $y_{it}=I(x_{it}'\beta+u_{it}\geqslant 0)$，$u_{it}=\lambda_i f+\varepsilon_{it}$，$i=1,2;t=1,\cdots,T,\varepsilon_{it}\sim\text{IIDN}(0,1)$，$x_{it}\sim\text{IIDN}(0,1)$，$f_t\sim\text{IIDN}(0,\sigma_f^2)$，$\lambda_1+\lambda_2=0$，$\text{corr}(u_{1t},u_{2t})=\frac{\lambda_1^2\sigma_f^2}{\lambda_1^2\sigma_f^2+1}$

表 5.2　带有误差截面相关的 Probit 面板数据模型模拟结果Ⅱ（ $\sigma_f^2 = 1.0$ ）

λ_1	T	$\beta=-1.0$		$\beta=-0.5$		$\beta=0$		$\beta=0.5$		$\beta=1.0$	
		$\hat{\beta}$		$\hat{\beta}$		$\hat{\beta}$		$\hat{\beta}$		$\hat{\beta}$	
		Bias	MAE	Bias	MAE	Bias	MAE	Bias	MAE	Bias	MAE
0	250	0.048	0.123	0.034	0.067	−0.001	0.049	−0.040	0.074	−0.056	0.120
	500	0.056	0.090	0.036	0.053	0.001	0.034	−0.041	0.055	−0.056	0.087
	1000	0.057	0.071	0.040	0.044	0.000	0.021	−0.038	0.044	−0.053	0.070
$\frac{1}{\sqrt{3}}$	250	0.023	0.125	0.020	0.076	−0.005	0.056	−0.025	0.074	−0.035	0.132
	500	0.042	0.088	0.028	0.054	−0.001	0.035	−0.029	0.056	−0.032	0.087
	1000	0.044	0.070	0.031	0.046	−0.001	0.026	−0.026	0.042	−0.048	0.068
1.0	250	0.009	0.131	0.020	0.084	0.004	0.058	−0.013	0.078	−0.021	0.129
	500	0.027	0.093	0.022	0.057	0.005	0.044	−0.015	0.055	−0.038	0.094
	1000	0.031	0.070	0.018	0.042	−0.001	0.031	−0.018	0.042	−0.035	0.067
$\sqrt{3}$	250	−0.016	0.151	0.006	0.097	−0.008	0.075	0.001	0.098	−0.009	0.151
	500	−0.001	0.101	0.000	0.065	0.000	0.051	−0.003	0.066	−0.013	0.104
	1000	0.015	0.074	0.008	0.046	−0.003	0.037	−0.007	0.046	−0.009	0.074
3.0	250	−0.026	0.194	−0.007	0.117	0.008	0.091	0.023	0.115	0.010	0.191
	500	−0.006	0.140	0.004	0.087	0.002	0.068	0.002	0.080	0.004	0.142
	1000	−0.010	0.096	0.002	0.059	−0.001	0.049	0.000	0.058	0.000	0.090

注:DGP 是 $y_{it} = I(x_{it}'\beta + u_{it} \geqslant 0)$，$u_{it} = \lambda_i f + \varepsilon_{it}$，$i = 1,2; t = 1,\cdots,T, \varepsilon_{it} \sim \text{IIDN}(0,1)$，$x_{it} \sim \text{IIDN}(0,1)$，$f_t \sim \text{IIDN}(0,\sigma_f^2)$，$\lambda_1 - \lambda_2 = 0$，$\text{corr}(u_{1t}, u_{2t}) = \dfrac{\lambda_1^2\sigma_f^2}{\lambda_1^2\sigma_f^2 + 1}$

表 5.3　带有误差截面相关的 Probit 面板数据模型模拟结果Ⅲ（ $\sigma_f^2 = 3.0$ ）

λ_1	T	$\beta=-1.0$		$\beta=-0.5$		$\beta=0$		$\beta=0.5$		$\beta=1.0$	
		$\hat{\beta}$		$\hat{\beta}$		$\hat{\beta}$		$\hat{\beta}$		$\hat{\beta}$	
		Bias	MAE	Bias	MAE	Bias	MAE	Bias	MAE	Bias	MAE
0	250	0.039	0.123	0.035	0.072	0.000	0.047	−0.034	0.073	−0.061	0.127
	500	0.059	0.091	0.037	0.058	0.002	0.031	−0.040	0.056	−0.055	0.089
	1000	0.057	0.069	0.039	0.044	0.001	0.024	−0.042	0.046	−0.054	0.067
$\frac{1}{3}$	250	0.035	0.123	0.026	0.074	0.002	0.048	−0.026	0.074	−0.044	0.125
	500	0.049	0.090	0.033	0.057	−0.002	0.037	−0.029	0.056	−0.033	0.091
	1000	0.047	0.068	0.033	0.044	−0.004	0.026	−0.033	0.041	−0.047	0.068
$\frac{1}{\sqrt{3}}$	250	0.023	0.130	0.018	0.076	−0.001	0.061	−0.023	0.080	−0.019	0.127
	500	0.031	0.087	0.016	0.057	0.000	0.040	−0.016	0.056	−0.034	0.095
	1000	0.034	0.067	0.019	0.042	0.003	0.030	−0.019	0.043	−0.028	0.070

续表

λ_1	T	$\beta=-1.0$		$\beta=-0.5$		$\beta=0$		$\beta=0.5$		$\beta=1.0$	
		$\hat{\beta}$		$\hat{\beta}$		$\hat{\beta}$		$\hat{\beta}$		$\hat{\beta}$	
		Bias	MAE	Bias	MAE	Bias	MAE	Bias	MAE	Bias	MAE
1.0	250	−0.016	0.151	0.005	0.102	0.004	0.068	−0.012	0.097	0.008	0.148
	500	0.014	0.102	0.011	0.067	−0.003	0.048	−0.018	0.072	−0.020	0.103
	1000	0.015	0.078	0.007	0.046	−0.002	0.036	−0.008	0.048	−0.016	0.076
$\sqrt{3}$	250	0.008	0.179	−0.011	0.123	0.000	0.095	0.016	0.125	0.041	0.199
	500	−0.007	0.138	−0.006	0.083	−0.002	0.069	0.004	0.086	0.006	0.123
	1000	0.007	0.092	−0.001	0.058	0.001	0.049	0.002	0.058	0.007	0.089

注:DGP是 $y_{it}=I(x_{it}'\beta+u_{it}\geqslant 0)$, $u_{it}=\lambda_i f+\varepsilon_{it}$, $i=1,2;t=1,\cdots,T,\varepsilon_{it}\sim\text{IIDN}(0,1)$, $x_{it}\sim\text{IIDN}(0,1)$, $f_t\sim\text{IIDN}(0,\sigma_f^2)$, $\lambda_1+\lambda_2=0$, $\text{corr}(u_{1t},u_{2t})=\dfrac{\lambda_1^2\sigma_f^2}{\lambda_1^2\sigma_f^2+1}$

表 5.4　带有误差截面相关的 Probit 面板数据模型模拟结果Ⅳ（ $\sigma_f^2=3.0$ ）

λ_1	T	$\beta=-1.0$		$\beta=-0.5$		$\beta=0$		$\beta=0.5$		$\beta=1.0$	
		$\hat{\beta}$		$\hat{\beta}$		$\hat{\beta}$		$\hat{\beta}$		$\hat{\beta}$	
		Bias	MAE	Bias	MAE	Bias	MAE	Bias	MAE	Bias	MAE
0	250	0.047	0.122	0.042	0.074	−0.002	0.048	−0.040	0.075	−0.046	0.122
	500	0.060	0.091	0.037	0.053	0.000	0.035	−0.042	0.052	−0.059	0.093
	1000	0.059	0.071	0.039	0.046	−0.001	0.026	−0.038	0.044	−0.060	0.072
$\frac{1}{3}$	250	0.037	0.122	0.021	0.072	0.009	0.052	−0.027	0.074	−0.041	0.124
	500	0.039	0.091	0.027	0.056	−0.001	0.039	−0.028	0.054	−0.044	0.090
	1000	0.043	0.06	0.031	0.043	0.000	0.025	−0.028	0.041	−0.048	0.069
$\frac{1}{\sqrt{3}}$	250	0.025	0.129	0.011	0.077	−0.001	0.058	−0.017	0.080	−0.017	0.136
	500	0.030	0.096	0.022	0.058	−0.002	0.040	−0.019	0.056	−0.028	0.092
	1000	0.036	0.068	0.023	0.043	−0.002	0.028	−0.020	0.042	−0.030	0.066
1.0	250	−0.001	0.151	0.011	0.094	−0.002	0.070	0.000	0.094	0.007	0.146
	500	0.017	0.105	0.013	0.066	0.005	0.052	−0.006	0.069	−0.003	0.105
	1000	0.016	0.074	0.008	0.047	0.000	0.034	−0.006	0.044	−0.013	0.072
$\sqrt{3}$	250	−0.024	0.184	−0.002	0.120	0.005	0.096	0.008	0.119	0.025	0.182
	500	−0.009	0.133	0.001	0.081	0.000	0.062	−0.001	0.083	0.011	0.134
	1000	−0.001	0.090	0.002	0.060	0.003	0.043	−0.001	0.057	0.001	0.094

注:DGP是 $y_{it}=I(x_{it}'\beta+u_{it}\geqslant 0)$, $u_{it}=\lambda_i f+\varepsilon_{it}$, $i=1,2;t=1,\cdots,T,\varepsilon_{it}\sim\text{IIDN}(0,1)$, $x_{it}\sim\text{IIDN}(0,1)$, $f_t\sim\text{IIDN}(0,\sigma_f^2)$, $\lambda_1-\lambda_2=0$, $\text{corr}(u_{1t},u_{2t})=\dfrac{\lambda_1^2\sigma_f^2}{\lambda_1^2\sigma_f^2+1}$

表 5.5　带有误差截面相关的 Probit 面板数据模型模拟结果Ⅴ（ $\sigma_f^2=6.0$ ）

λ_1	T	$\beta=-1.0$		$\beta=-0.5$		$\beta=0$		$\beta=0.5$		$\beta=1.0$	
		$\hat{\beta}$		$\hat{\beta}$		$\hat{\beta}$		$\hat{\beta}$		$\hat{\beta}$	
		Bias	MAE	Bias	MAE	Bias	MAE	Bias	MAE	Bias	MAE
0	250	0.044	0.118	0.034	0.067	0.001	0.045	−0.045	0.076	−0.052	0.118
	500	0.046	0.083	0.038	0.052	−0.002	0.032	−0.043	0.056	−0.054	0.084
	1000	0.056	0.070	0.043	0.047	−0.001	0.025	−0.042	0.047	−0.059	0.069
$\frac{1}{\sqrt{18}}$	250	0.036	0.126	0.026	0.071	−0.002	0.051	−0.022	0.073	−0.044	0.119
	500	0.045	0.090	0.024	0.052	0.000	0.036	−0.029	0.055	−0.043	0.091
	1000	0.041	0.071	0.031	0.042	0.001	0.024	−0.031	0.044	−0.045	0.069
$\frac{1}{\sqrt{6}}$	250	0.016	0.127	0.016	0.079	−0.003	0.062	−0.015	0.081	−0.020	0.131
	500	0.036	0.091	0.017	0.060	0.000	0.041	−0.023	0.058	−0.027	0.087
	1000	0.024	0.067	0.017	0.041	0.000	0.029	−0.022	0.042	−0.034	0.071
$\frac{1}{\sqrt{2}}$	250	0.006	0.155	−0.007	0.097	−0.001	0.068	0.002	0.089	0.020	0.154
	500	0.017	0.104	0.013	0.067	−0.001	0.050	−0.001	0.068	−0.016	0.110
	1000	0.015	0.077	0.003	0.047	0.002	0.035	−0.007	0.047	−0.011	0.081
$\sqrt{\frac{3}{2}}$	250	−0.015	0.189	0.001	0.123	0.001	0.092	0.014	0.118	0.020	0.184
	500	−0.009	0.139	−0.001	0.078	0.000	0.066	0.008	0.087	0.006	0.129
	1000	0.003	0.094	0.000	0.056	0.002	0.046	−0.004	0.059	0.014	0.092

注：DGP 是 $y_{it}=I(x_{it}'\beta+u_{it}\geqslant 0)$，$u_{it}=\lambda_i f+\varepsilon_{it}$，$i=1,2;t=1,\cdots,T,\varepsilon_{it}\sim\text{IIDN}(0,1)$，$x_{it}\sim\text{IIDN}(0,1)$，$f_t\sim\text{IIDN}(0,\sigma_f^2)$，$\lambda_1+\lambda_2=0$，$\text{corr}(u_{1t},u_{2t})=\dfrac{\lambda_1^2\sigma_f^2}{\lambda_1^2\sigma_f^2+1}$

表 5.6　带有误差截面相关的 Probit 面板数据模型模拟结果Ⅵ（ $\sigma_f^2=6.0$ ）

λ_1	T	$\beta=-1.0$		$\beta=-0.5$		$\beta=0$		$\beta=0.5$		$\beta=1.0$	
		$\hat{\beta}$		$\hat{\beta}$		$\hat{\beta}$		$\hat{\beta}$		$\hat{\beta}$	
		Bias	MAE	Bias	MAE	Bias	MAE	Bias	MAE	Bias	MAE
0	250	0.056	0.125	0.040	0.073	0.002	0.049	−0.033	0.070	−0.038	0.117
	500	0.047	0.088	0.040	0.054	0.000	0.033	−0.042	0.057	−0.053	0.088
	1000	0.058	0.072	0.041	0.046	−0.001	0.023	−0.039	0.044	−0.061	0.072
$\frac{1}{\sqrt{18}}$	250	0.033	0.129	0.023	0.071	−0.003	0.054	−0.027	0.079	−0.042	0.132
	500	0.044	0.088	0.026	0.054	0.001	0.037	−0.024	0.053	−0.050	0.093
	1000	0.044	0.068	0.031	0.043	−0.001	0.027	−0.029	0.042	−0.040	0.065
$\frac{1}{\sqrt{6}}$	250	0.006	0.122	0.020	0.080	−0.001	0.061	−0.012	0.080	−0.014	0.126
	500	0.026	0.091	0.019	0.057	−0.002	0.041	−0.017	0.059	−0.029	0.094
	1000	0.032	0.069	0.019	0.040	0.000	0.027	−0.021	0.041	−0.036	0.070
$\frac{1}{\sqrt{2}}$	250	0.013	0.146	0.000	0.099	−0.001	0.071	−0.006	0.094	−0.011	0.144
	500	0.006	0.106	0.001	0.065	0.000	0.052	−0.009	0.066	−0.002	0.114
	1000	0.016	0.071	0.010	0.047	0.000	0.037	−0.003	0.045	−0.010	0.076
$\sqrt{\frac{3}{2}}$	250	−0.046	0.188	−0.018	0.128	0.010	0.094	0.007	0.103	0.027	0.191
	500	−0.005	0.131	−0.001	0.083	0.005	0.064	−0.003	0.082	0.000	0.132
	1000	0.000	0.098	0.003	0.057	−0.002	0.049	0.001	0.053	0.004	0.093

注：DGP 是 $y_{it}=I(x_{it}'\beta+u_{it}\geqslant 0)$，$u_{it}=\lambda_i f+\varepsilon_{it}$，$i=1,2;t=1,\cdots,T,\varepsilon_{it}\sim\text{IIDN}(0,1)$，$x_{it}\sim\text{IIDN}(0,1)$，$f_t\sim\text{IIDN}(0,\sigma_f^2)$，$\lambda_1-\lambda_2=0$，$\text{corr}(u_{1t},u_{2t})=\dfrac{\lambda_1^2\sigma_f^2}{\lambda_1^2\sigma_f^2+1}$

基于表 5.1~表 5.6 中的模拟结果，结论如下。

（1）对于每个固定的 λ_1，随着 T 增大，β 的估计结果变得更好。

（2）随着 β 的绝对值增大，偏倚增大。

（3）对于每个固定的 T，当误差 u_{1t} 和 u_{2t} 的 pair-wise 相关系数的绝对值增大（λ_1 增大）时，β 的估计结果变好。这说明本书提出的估计效果非常好。

5.4 截面相关性检验

在式（5.2.1）中，感兴趣的原假设是 $H_0:\mathrm{cov}(u_{it,}u_{jt})=0$，对于所有的 t 和所有的 $i\neq j$；备择假设是 $H_0:\mathrm{cov}(u_{it,}u_{jt})\neq 0$，对于某些 t 和某些 $i\neq j$。许多文献讨论截面相依性检验，而其中 Breusch 和 Pagan（1980）提出的 LM 检验是非常有效的。令

$$\hat{\rho}_{ij}=\hat{\rho}_{ji}=\sum_{t=1}^{T}\hat{v}_{it}\hat{v}_{jt}\bigg/\left(\sqrt{\sum_{t=1}^{T}\hat{v}_{jt}^2}\sqrt{\sum_{t=1}^{T}\hat{v}_{it}^2}\right) \qquad (5.4.1)$$

则在 H_0 下，对于固定的 N，当 $T\to\infty$ 时，有

$$\mathrm{LM}=T\sum_{i=1}^{N-1}\sum_{j=i+1}^{N}\hat{\rho}_{ij}^2\xrightarrow{d}\chi_{N(N-1)/2}^2 \qquad (5.4.2)$$

Pesaran（2004）指出，当 N 大时，式（5.4.2）的 LM 检验统计量可能会出现 size 效果不好的情况。Pesaran（2004）说明了当 N 和 T 都变大时，可以直接修正式（5.4.2）的 LM 检验。在 H_0 下，对于任意的 $i\neq j$，当 $T\to\infty$ 时，有

$$T\hat{\rho}_{ij}^2\xrightarrow{d}\chi_1^2 \qquad (5.4.3)$$

由于 $\hat{\rho}_{ij}^2$ 是渐近不相关的，我们可以考虑如下的 LM 检验，先令 $T\to\infty$，后令 $N\to\infty$，有

$$\mathrm{LM}_1=\sqrt{\frac{1}{N(N-1)}}\sum_{i=1}^{N-1}\sum_{j=i+1}^{N}(T\hat{\rho}_{ij}^2-1)\xrightarrow{d}N(0,1) \qquad (5.4.4)$$

对于固定的 T，LM 和 LM_1 统计量的 size 效果不好。这主要是由 T 小、N 大时，$E(T\hat{\rho}_{ij}^2-1)$ 不是以 0 为中心造成的。Pesaran（2004）对于固定 T 或者固定 N，提出了一个有效的 CD 检验：

$$\mathrm{CD}=\sqrt{\frac{2T}{N(N-1)}}\sum_{i=1}^{N-1}\sum_{j=i+1}^{N}\hat{\rho}_{ij}\xrightarrow{d}N(0,1) \qquad (5.4.5)$$

Pesaran 指出这个 CD 检验统计量对于一大类面板数据模型是有效的，包括异质性模型、动态模型和带有变点的回归模型等。

对于受限的因变量模型（limited dependent variable model）:

$$y_{it}=g(y_{it}^{*}) \tag{5.4.6}$$

潜在变量 y_{it}^{*} 满足:

$$y_{it}^{*}=x_{it}'\beta+v_{it} \tag{5.4.7}$$

其中， $g(\cdot)$ 是联系函数（link function）。

特别地， $g(y_{it}^{*})=I(y_{it}^{*}>0)$ 是第 4 章关注的二元面板数据模型。在 v_{it} 独立同分布于正态分布条件下，Hsiao 等（2012）基于 CD 检验，给出了 Probit 模型的截面相关性检验统计量:

$$\mathrm{CD}_1=\sqrt{\frac{2T}{N(N-1)}}\sum_{i=1}^{N-1}\sum_{j=i+1}^{N}\tilde{\rho}_{ij}\xrightarrow{d}N(0,1) \tag{5.4.8}$$

其中，

$$\hat{\rho}_{ij}=\sum_{t=1}^{T}\tilde{v}_{it}\tilde{v}_{jt}\bigg/\left(\sqrt{\sum_{t=1}^{T}\tilde{v}_{it}^{2}}\sqrt{\sum_{t=1}^{T}\tilde{v}_{jt}^{2}}\right)$$

$$\tilde{v}_{it}=\frac{\phi(x_{it}'\beta)}{\Phi(x_{it}'\beta)(1-\Phi(x_{it}'\beta))}(y_{it}-\Phi(x_{it}'\beta))$$

对于 Tobit 模型的讨论也可参见 Hsiao（2014）的研究。

参考文献

Ahn S C，Schmidt P. 1995. Efficient estimation of models for dynamic panel data. Journal of Econometrics，68：5-27.

Ahn S C，Schmidt P. 1997. Efficient estimation of dynamic panel data models：alternative assumptions and simplified estimation. Journal of Econometrics，76：309-321.

Aitken A C. 1935. On least squares and linear combinations of observations. Proceedings of the Royal Statistical Society，55：42-48.

Alonso-Borrego C，Arellano M. 1999. Symmetrically normalised instrumental-variable estimation using panel data. Journal of Business and Economic Statistics，17：36-49.

Amemiya T. 1985. Advanced Economitrics. Cambridge：Harvard University Press.

Amemiya T，MaCurdy T E. 1986. Instrumental variable estimation of an error components models. Econometrica，54：869-880.

Andersen E B. 1970. Asymptotic properties of conditional maximum likelihood estimators. Journal of the Royal Statistical Society，Series B，32：283-301.

Anderson T W. 1984. Estimating linear statistical relationships. The Annals of Statistics，12：1-46.

Anderson T W，Hsiao C. 1981. Estimation of dynamic models with error components. Journal of the American Statistical Association，76：598-606.

Anderson T W，Hsiao C. 1982. Formulation and estimation of dynamic models using panel data. Journal of Econometrics，18：47-82.

Arellano M. 1989. A note on the Anderson-Hsiao estimator for panel data. Economics Letters，31：337-341.

Arellano M. 2003. Discrete choices with panel data. Investigaciones Económicas，27：423-458.

Arellano M. 2005. The Cox-Reid Modified Score：A Comment. Madrid：CEMFI.

Arellano M，Bond S N. 1991. Some tests of specification for panel data：Monte Carlo evidence and an application to employment equations. The Review of Economic Studies，58：277-297.

Arellano M, Bover O. 1995. Another look at the instrumental variable estimation of error-components models. Journal of Econometrics, 68: 29-51.

Arellano M, Carrasco R. 2003. Binary choice panel data models with predetermined variables. Journal of Econometrics, 115: 125-157.

Arellano M, Honore B E. 2001. Panel data models: Some recent developments// Heckman J, Leamer E. Handbook of Econometrics. Amsterdam: NorthHolland, 53: 3229-3296.

Bai J S. 2003. Inferential theory for factor models of large dimensions. Econometrica, 71: 135-172.

Bai J S. 2009. Panel data models with interactive fixed effects. Econometrica, 77: 1229-1279.

Bai J S, Li K P. 2014. Theory and methods of panel data models with interactive effects. The Annals of Statistics, 42: 142-170.

Bai J S, Ng S. 2002. Determining the number of factors in approximate factor models. Econometrica, 70: 191-221.

Bailey N, Kapetanios G, Pesaran M H. 2016. Exponent of cross-sectional dependence: estimation and inference. Journal of Applied Econometrics, 31: 929-960.

Balestra P, Nerlove M. 1966. Pooling cross-section and time series data in the estimation of a dynamic model: the demand for natural gas. Econometrica, 34: 585-612.

Baltagi B H. 1995. Testing for fixed effects in logit and probit models using an artificial regression, Problem 95.5.4. Econometric Theory, 11: 1179.

Baltagi B H. 2000. Econometric Analysis of Panel Data. London: Wiley.

Baltagi B H, Levin D. 1986. Estimating dynamic demand for cigarettes using panel data: the effects of bootlegging, taxation, and advertising reconsidered. The Review of Economics and Statistics, 68: 148-155.

Bartolucci F, Nigro V. 2010. A dynamic model for binary panel data with unobserved heterogeneity admitting a $\sqrt{N}$ -consistent conditional estimator. Econometrica, 78: 719-733.

Ben-Porath Y. 1973. Labor force participation rates and the supply of labor. Journal of Political Economy, 81: 697-704.

Bester C A, Hansen C. 2009. A penalty function approach to bias reduction in nonlinear panel models with fixed effects. Journal of Business and Economic Statistics, 27: 131-148.

Bhargava A, Sargan J D. 1983. Estimating dynamic random effects models from panel data covering short time periods. Econometrica, 51: 1635-1659.

Binder M, Hsiao C, Pesaran M H. 2005. Estimation and inference in short panel vector autoregressions with unit roots and cointegration. Econometric Theory, 21: 795-837.

Blundell R, Bond S. 1988. Initial conditions and moment restrictions in dynamic panel data models. Journal of Econometrics, 87: 115-143.

Boneva L，Linton O. 2017. A discrete-choice model for large heterogeneous panels with interactive fixed effects with an application to the determinants of corporate bond issuance. Journal of Applied Econometrics，32：1226-1243.

Breusch T S，Mizon G E，Schmidt P. 1989. Efficient estimation using panel data. Econometrica，57：695-700.

Breusch T S，Pagan A R. 1980. The Lagrange multiplier test and its applications to model specification in econometrics. The Review of Economic Studies，47：239-253.

Bun M J G，Carree M A. 2005. Bias-corrected estimation in dynamic panel data models. Journal of Business and Economic Statistics，23：200-210.

Bun M J G，Carree M A. 2006. Bias-corrected estimation in dynamic panel data models with heteroscedasticity. Economics Letters，92：220-227.

Butler J S，Moffitt R. 1982. A computationally efficient quadrature procedure for the one-factor multinomial probit model. Econometrica，50：761-764.

Carro J M. 2007. Estimating dynamic panel data discrete choice models with fixed effects. Journal of Econometrics，140：503-528.

Chamberlain G. 1980. Analysis of covariance with qualitative data. The Review of Economic Studies，47：225-238.

Chamberlain G. 1984. Panel data// Griliches Z，Intriligator M D. Handbook of Econometrics. Amsterdam：North-Holland.

Chamberlain G. 1985. Heterogeneity，omitted variables bias，and duration dependence//Heckman J J，Singer B. Longitudinal Analysis of Labor Market Data. Cambridge：Cambridge University Press.

Charlier E，Melenberg B，van Soest A H O. 1995. A smoothed maximum score estimator for the binary choice panel data model with an application to labour force participation. Statistica Neerlandica，49：324-342.

Chen M，Fernandez-Val I，Weidner M. 2014. Nonlinear Panel Models with Interactive Effects. Boston：Boston University.

Chintagunta P，Kyriazidou E，Perktold J. 2001. Panel data analysis of household brand choices. Journal of Econometrics，103：111-153.

Chudik A，Pesaran M H. 2015. Common correlated effects estimation of heterogeneous dynamic panel data models with weakly exogenous regressors. Journal of Econometrics，188：393-420.

Coakley J，Fuertes A，Smith R. 2002. A Principal Components Approach to Cross-section Dependence in Panels. London：University of London.

Cox D R. 1958. The regression analysis of binary sequences. Journal of the Royal Statistical Society，Series B，20：215-242.

Cox D R, Reid N. 1987. Parameter orthogonality and approximate conditional inference. Journal of the Royal Statistical Society, Series B, 49: 1-39.

Davidson R, MacKinnon J K. 1984. Convenient specification tests for logit and probit models. Journal of Econometrics, 25: 241-262.

Dhaene G, Jochmans K. 2015. Split-panel jackknife estimation of fixed-effect models. The Review of Economic Studies, 82: 991-1030.

Dickey D A, Fuller W A. 1979. Distribution of the estimators for autoregressive time series with a unit root. Journal of the American Statistical Association, 74: 427-431.

Dickey D A, Fuller W A. 1981. Likelihood ratio statistics for autoregressive time series with a unit root. Econometrica, 49: 1057-1072.

Everaert G, Pozzi L. 2007. Bootstrap-based bias correction for dynamic panels. Journal of Economic Dynamics and Control, 31: 1160-1184.

Fernandez-Val I. 2009. Fixed effects estimation of structural parameters and marginal effects in panel probit models. Journal of Econometrics, 150: 71-85.

Fernandez-Val I, Weidner M. 2016. Individual and time effects in nonlinear panel models with large *N*, *T*. Journal of Econometrics, 192: 291-312.

Fuller W A, Battese G E. 1974. Estimation of linear models with crossed-error structure. Journal of Econometrics, 2: 67-78.

Gao W, Bergsma W, Yao Q W. 2017. Estimation for dynamic and static panel probit models with large individual effects. Journal of Time Series Analysis, 38: 266-284.

Greene W H. 2008. Econometric Analysis. 6th ed. Upper Saddle River: Prentice Hall.

Guilkey D K, Murphy J L. 1993. Estimation and testing in the random effects probit model. Journal of Econometrics, 59: 301-317.

Gurmu S. 1996. Testing for fixed effects in logit and probit models using an artificial regression, Solution 95.5.4. Econometric Theory, 12: 872-874.

Hahn J. 2001. The information bound of a dynamic panel logit model with fixed effects. Econometric Theory, 17: 913-932.

Hahn J, Kuersteiner G. 2002. Asymptotically unbiased inference for a dynamic panel model with fixed effects when both *N* and *T* are large. Econometrica, 70: 1639-1657.

Hahn J, Kuersteiner G. 2011. Bias reduction for dynamic nonlinear panel models with fixed effects. Econometric Theory, 27: 1152-1191.

Hahn J, Newey W. 2004. Jackknife and analytical bias reduction for nonlinear panel models. Econometrica, 72: 1295-1319.

Han C, Phillips P C B. 2006. GMM with many moment conditions. Econometrica, 74: 147-192.

Han C，Phillips P C B. 2010. GMM estimation for dynamic panels with fixed effects and strong instruments at unity. Econometric Theory，26：119-151.

Hansen L P. 1982. Large sample properties of generalized method of moments estimators. Econometrica，50：1029-1054.

Hansen G. 2001. A bias-corrected least squares estimator of dynamic panel models. Allgemeines Statistisches Archiv，85：127-140.

Heckman J J. 1981a. The incidental parameters problem and the problem of initial conditions in estimating a discrete time discrete data stochastic process and some Monte-Carlo evidence// Manski C，McFadden D. Structural Analysis of Discrete Data. Cambridge：MIT Press：179-195.

Heckman J J. 1981b. Statistical models for discrete panel data// Manski C，McFadden D. Structural Analysis of Discrete Data. Cambridge：MIT Press：114-178.

Hoch I. 1962. Estimation of production function parameters combining time-series and cross-section data. Econometrica，30：34-53.

Holtz-Eakin D. 1988. Testing for individual effects in autoregressive models. Journal of Econometrics，39：297-307.

Holtz-Eakin D，Newey W，Rosen H S. 1988. Estimating vector autoregressions with panel data. Econometrica，56：1371-1396.

Honore B E，Kyriazidou E. 2000. Panel data discrete choice models with lagged dependent variables. Econometrica，68：839-874.

Honore B E，Lewbel A. 2002. Semiparametric binary choice panel data models without strictly exogeneous regressors. Econometrica，70：2053-2063.

Honore B E，Tamer E. 2006. Bounds on parameters in panel dynamic discrete choice models. Econometrica，74：611-629.

Horowitz J L. 1992. A smoothed maximum score estimator for the binary response model. Econometrica，60：505-531.

Hsiao C. 1985. Benefits and limitations of panel data. Econometric Reviews，4：121-174.

Hsiao C. 1992. Logit and probit models// Mátyás L，Sevestre P. The Econometrics of Panel Data：Handbook of Theory and Applications. Amsterdam：Kluwer，Chap. 11：223-241.

Hsiao C.1995. Panel analysis for metric data// Arminger G，Clogg C C，Sobel M Z. Handbook of Statistical Modelling in the Social and Behavioral Sciences. Los Angeles：Plenum：361-400.

Hsiao C. 1996. Logit and probit models// Mátyás L，Sevestre P. The Econometrics of Panel Data：Handbook of Theory and Applications. 2nd ed. Amsterdam：Kluwer，Chap. 16：410-428.

Hsiao C. 2003. Analysis of Panal Data. 2nd ed. Cambridge：Cambridge University Press.

Hsiao C. 2007. Panel data analysis-advantages and challenges. TEST，16：1-22.

Hsiao C. 2014. Analysis of Panal Data. 3rd ed. Cambridge：Cambridge University Press.

Hsiao C. 2018. Panel models with interactive effects. Journal of Econometrics, 206: 645-673.

Hsiao C, Mountain D C, Ho-Illman K. 1995. A Bayesian integration of end-use metering and conditional demand analysis. Journal of Business and Economic Statistics, 13: 315-326.

Hsiao C, Pesaran M H, Pick A. 2012. Diagnostic tests of cross-section independence for nonlinear panel data models. Oxford Bulletin of Economics and Statistics, 74: 253-277.

Hsiao C, Pesaran M H, Tahmiscioglu A K. 2002. Maximum likelihood estimation of fixed effects dynamic panel data models covering short time periods. Journal of Econometrics, 109: 107-150.

Hsiao C, Shi Z T, Zhou Q K. 2019. Transformed estimator for panel interactive effects models. unpublished manuscript.

Hyslop D R. 1999. State dependence, serial correlation and heterogeneity in intertemporal labor force participation of married women. Econometrica, 67: 1255-1294.

Im K S, Pesaran M H, Shin Y. 2003. Testing for unit roots in heterogeneous panels. Journal of Econometrics, 115: 53-74.

Keane M P. 1994. A computationally practical simulation estimator for panel data. Econometrica, 62: 95-116.

Kiviet J F. 1995. On bias, inconsistency, and efficiency of various estimators in dynamic panel data models. Journal of Econometrics, 68: 53-78.

Kruiniger H. 2007. An efficient linear GMM estimator for the covariance stationary AR(1)/unit root model for panel data. Econometric Theory, 23: 519-535.

Kuh E. 1959. The validity of cross sectionally estimated behavior equations in time series applications. Econometrica, 27: 197-214.

Kuk A Y C. 1995. Asymptotically unbiased estimation in generalized linear models with random effects. Journal of the Royal Statistical Society, Series B, 57: 395-407.

Lancaster T. 2000. The incidental parameter problem since 1948. Journal of Econometrics, 95: 391-413.

Lechner M. 1993. Estimation of limited dependent variable habit persistence models on panel data with an application to the dynamics of self-employment in the former east germany// Bunzel H, Jensen P, Westergard-Nielson N. Panel Data and Labour Market Dynamics. Amsterdam: North-Holland: 263-283.

Lee L F. 1997. Simulated maximum likelihood estimation of dynamic discrete choice statistical models: some Monte Carlo results. Journal of Econometrics, 82: 1-35.

Lee L F. 2000. A numerically stable quadrature procedure for the one-factor random component discrete choice model. Journal of Econometrics, 95: 117-129.

Lee L F, Yu J H. 2010. Some recent developments in spatial panel data models. Regional Science and Urban Economics, 40: 255-271.

Lee M J. 1999. A root-N consistent semiparametric estimator for related-effect binary response panel data. Econometrica，67：427-433.

Lee M J. 2002. Panel Data Econometrics. New York：Academic Press.

Lehmann E L. 1983. Theory of Point Estimation. New York：Wiley and Sons，Inc.

Levin A，Lin C F，James Chu C S. 2002. Unit root tests in panel data：asymptotic and finite-sample properties. Journal of Econometrics，108：1-24.

Lewbel A. 1994. Aggregation and simple dynamics. American Economic Review，84：905-918.

Li H H，Lindsay B G，Waterman R P. 2003. Efficiency of projected score methods in rectangular array asymptotics. Journal of the Royal Statistical Society，Series B，65：191-208.

MaCurdy T E. 1981. An empirical model of labor supply in a life cycle setting. Journal of Political Economy，89：1059-1085.

Maddala G S. 1971. The use of variance components models in pooling cross section and time series data. Econometrica，39：341-358.

Maddala G S，Mount T D. 1973. A comparative study of alternative estimators for variance components models used in econometric applications. Journal of the American Statistical Association，68：324-328.

Magnac T. 2004. Panel binary variables and sufficiency：generalizing conditional logit. Econometrica，72：1859-1876.

Manski C F. 1987. Semiparametric analysis of random effects linear models from binary panel data. Econometrica，55：357-362.

McCullagh P，Tibshirani R. 1990. A simple method for the adjustment of profile likelihoods. Journal of the Royal statistical Society，Series B，52：325-344.

Mora J，Moro-Egido A I. 2008. On specification testing of ordered discrete choice models. Journal of Econometrics，143：191-205.

Mundlak Y. 1961. Empirical production function free of management bias. Journal of Farm Economics，43：44-56.

Mundlak Y. 1978. On the pooling of time series and cross section data. Econometrica，46：69-85.

Nerlove M. 1971. Further evidence on the estimation of dynamic economic relations from a time series of cross sections. Econometrica，39：359-382.

Nerlove M. 2002. Essays in Panel Data Econometrics. Cambridge：Cambridge University Press.

Nerlove M，Balestra P. 1992 . Formulation and estimation of econometric models for the analysis of panel data// Matyas L，Sevestre P. The Econometrics of Panel Data. Dordrecht：Kluwer Academic Publishers.

Neyman J，Scott E L. 1948. Consistent estimates based on partially consistent observations. Econometrica，16：1-32.

Nickell S. 1981. Biases in dynamic models with fixed effects. Econometrica，49：1417-1426.

Orme C. 1990. The small sample performance of the information matrix test. Journal of Econometrics，46：309-331.

Pakes A，Griliches Z. 1984. Estimating distributed lags in short panels with an application to the specification of depreciation patterns and capital stock constructs. The Review of Economic Studies，51：243-262.

Pesaran M H. 2004. General Diagnostic Tests for Cross Section Dependence in Panels. Cambridge：University of Cambridge.

Pesaran M H. 2006. Estimation and inference in large heterogeneous panels with a multifactor error structure. Econometrica，74：967-1012.

Pesaran M H，Tosetti E. 2011. Large panels with common factors and spatial correlation. Journal of Econometrics，161：182-202.

Phillips P C B，Durlauf S N. 1986. Multiple time series regression with integrated processes. The Review of Economic Studies，53：473-495.

Phillips P C B，Moon H R. 1999. Linear regression limit theory for nonstationary panel data. Econometrica，67：1057-1111.

Quenouille M H. 1949. Approximate tests of correlation in time-series. Journal of the Royal Statistical Society，Series B，11：68-84.

Quenouille M H. 1956. Notes on bias in estimation. Biometrika，43：353-360.

Rockfellar R T. 1972. Convex Analysis. Princeton：Princeton University Press.

Sarafidis V. 2009. GMM Estimation of Short Dynamic Panel Data Models with Error Cross-sectional Dependence. Sydney：University of Sydney.

Sarafidis V，Wansbeek T. 2012. Cross-sectional dependence in panel data analysis. Econometric Reviews，31：483-531.

Sargan J D. 1964. Wages and prices in the United Kingdom：a study in econometric methodology//Hart P E，Mills G，Whitaker J K. Econometric Analysis for National Economic Planning. London：Butterworths.

Shi N Z，Hu G R，Cui Q. 2008. An alternating iterative method and its application in statistical inference. Acta Mathematica Sinica，24：843-856.

Shi N Z，Jiang H. 1998. Maximum likelihood estimation of isotonic normal means with unknown variances. Journal of Multivariate Analysis，64：183-195.

Sickles R C，Taubman P. 1986. An analysis of the health and retirement status of the elderly. Econometrica，54：1339-1356.

Smart D R. 1974. Fixed Point Theorems. Cambridge：Cambridge University Press.

Staiger D, Stock J H. 1997. Instrumental variables regression with weak instruments. Econometrica, 65: 557-586.

Stock J H, Wright J H. 2000. GMM with weak identification. Econometrica, 68: 1055-1096.

Swamy P A V B, Arora S S. 1972. The exact finite sample properties of the estimators of coefficients in the error components regression models. Econometrica, 40: 253-260.

Tanner M A. 1996. Tools for Statistical Inference: Methods for the Exploration of Posterior Distributions and Likelihoods Functions. 3rd ed. New York: Springer.

Theil H. 1971. Principles of Econometrics. New York: Wiley.

Trognon A. 1978. Miscellaneous asymptotic properties of ordinary least squares and maximum-likelihood estimators in dynamic error-components models. Annales de l'INSEE, 30: 631-657.

Tukey J W. 1958. Bias and confidence in not-quite large samples(Abstract). Annals of Mathematical Statistics, 29: 614.

Wang J, Gao W, Tang M L. 2019. Estimation of treatment effects for heterogeneous matched-pairs data with probit models. Scandinavian Journal of Statistics, 46: 1-20.

Wang S P, Wang P, Yang J S, et al. 2010. A generalized nonlinear IV unit root test for panel data with cross-sectional dependence. Journal of Econometrics, 157: 101-109.

Westerlund J, Urbain J P. 2013. On the estimation and inference in factor-augmented panel regressions with correlated loadings. Economics Letters, 119: 247-250.

Westerlund J, Urbain J P. 2015. Cross-sectional averages versus principal components. Journal of Econometrics, 185: 372-377.

Wooldridge J M. 2005. Simple solutions to the initial conditions problem in dynamic nonlinear panel data models with unobserved heterogeneity. Journal of Applied Econometrics, 20: 39-54.

Xu Q, Cai Z, Fang Y. 2016. Panel data models with cross-sectional dependence: a selective review. Applied Mathematics: A Journal of Chinese Universities, 31: 127-147.

Xue S, Yang T T, Zhou Q K. 2018. Binary choice model with interactive effects. Economic Modelling, 70: 338-350.

Yu G, Gao W, Shi N Z. 2011. Bias correction estimator for a dynamic panel data model with fixed effects using an iterated bootstrap. Hacettepe Journal of Mathematics and Statistics, 40: 105-114.

Yu G, Gao W, Shi N Z. 2012a. A note on the estimation problem of dynamic binary panel data model with fixed effects. Pakistan Journal of Statistics, 28: 271-278.

Yu G, Gao W, Shi N Z. 2012b. A note on the estimation of semiparametric two-sample density ratio models. Journal of Mathematical Research and Exposition, 32: 174-180

Yu G, Gao W, Shi N Z. 2013. Bias correction for alternating iterative maximum likelihood estimators. Journal of Mathematical Research with Applications, 33: 1-10.

Yu G, Wang W G, Lu M Z, et al. 2015. Specification test for fixed effects in binary panel data model: a simulation study. Hacettepe Journal of Mathematics and Statistics，44：755-760.

Yu G，Gao W，Wang W G，et al. 2018. Estimating dynamic binary panel data model with random effects：a computational note. Computational Economics，51：535-539.

Yu G. 2019. Estimation in binary panel data model with error cross-sectional dependence. unpublished manuscript.